LIBRES

DE LA

RED

Libres de la red

Pornografía, adicción y esperanza en Cristo

Mario LL

TALENTO
PUBLICACIONES
2025

Título: *Libres de la red: pornografía, adicción y esperanza en Cristo*
Autor: Mario LL

I.S.B.N.: 979-13-990516-0-5

Edita: TALENTO Publicaciones (Samuel Juliá Cristóbal)
        E-mail: info@talentopublicaciones.com
        Web: www.talentopublicaciones.com

Edición POD

ÍNDICE

Introducción:
Adicciones en la vida de los cristianos; un llamado a la transformación espiritual

En un mundo cada vez más interconectado, donde la información circula sin cesar y las tentaciones se presentan a cada paso, uno de los desafíos más grandes para los cristianos de hoy es el impacto que las adicciones tienen en su vida espiritual. A menudo, estas adicciones no son percibidas como tales, ya que se encuentran disfrazadas de comportamientos aparentemente inofensivos o incluso socialmente aceptados. Sin embargo, al igual que una sombra que se extiende lentamente, las adicciones se infiltran en las mentes y corazones, apagando la luz del Espíritu Santo y desviando nuestra atención de lo celestial.

Este libro nace de una profunda carga en mi corazón: el deseo de ayudar a aquellos que, en silencio y en soledad, luchan contra las cadenas invisibles de patrones de vida erróneos que los han atrapado. Mi propósito no es simplemente exponer teorías psicológicas o doctrinas modernas, sino más bien llevar a cada lector a una comprensión profunda de lo que la Biblia nos enseña acerca de la vida transformada en Cristo, libre de las ataduras que nos separan de Dios y nos sumergen en el vacío de la adicción.

Las adicciones no se limitan solo al consumo de sustancias como drogas o alcohol; son mucho más amplias. Las adicciones abarcan áreas como la pornografía, el juego, la comida, las redes sociales, el poder, el control, las relaciones codependientes y muchos otros patrones de comportamiento que, aunque pueden no ser visibles a simple vista, están profundamente arraigados en la vida de quienes luchan en lo secreto. Estos comportamientos pueden parecer inofensivos o incluso placenteros en un primer momento, pero la verdad es que, cuando nos dejamos atrapar por ellos, comienzan a corroer nuestro espíritu, nuestras relaciones y nuestra visión de la vida abundante que Dios tiene para nosotros.

En mi experiencia, he visto un aumento alarmante del con- sumo de pornografía dentro de las comunidades cristianas, particularmente entre los jóvenes, y también entre los adultos que, a pesar de su fe, han caído en la trampa de la indulgencia secreta. Esta adicción, en particular, se ha convertido en una de las más devastadoras, no solo porque afecta la moralidad y la pureza del corazón, sino porque altera nuestra relación con Dios y con los demás, distorsionando la verdadera visión del amor, la santidad y la fidelidad que nos llama a vivir el Señor. Es necesario que, como cuerpo de Cristo, entendamos que las adicciones no son simplemente "malos hábitos" o "debilidades humanas"; son en última instancia ataques a nuestra identidad en Cristo.

La Biblia nos llama a ser transformados por la renovación de nuestra mente (*cf.* Ro 12:2), y la renovación de la mente es un proceso que no puede ser logrado sin enfrentarnos con valentía a aquellos patrones de comportamiento y pensamientos que nos alejan de la verdad y la libertad que Cristo nos ofrece. Las adicciones, en sus diversas formas, son manifestaciones de una mente cautiva, de un alma que, aunque haya conocido la gracia de Dios, ha caído en las trampas del enemigo que busca *"robar, matar y destruir"* (*cf.* Jn 10:10). La adicción es una forma de esclavitud, y como cristianos, hemos sido llamados a vivir en libertad. Jesús nos dice:

"Conoceréis la verdad, y la verdad os hará
libres" (Jn 8:32).

La libertad en Cristo no es solo una libertad eterna, sino una libertad aquí y ahora, en la vida diaria. Cada área de nuestra vida debe someterse a Su señorío, y eso incluye aquellos aspectos que a menudo nos resulta más difícil entregar.

La lucha contra las adicciones es, por tanto, una batalla espiritual, una guerra que debe ser librada con la Palabra de Dios, la oración constante y la rendición diaria al Espíritu Santo. Este viaje a través de la mente humana, de los patrones de comportamiento que están detrás de cada adicción, es un viaje de confrontación con la verdad de Dios.

En este libro, no vamos a caer en teorías sin fundamento o en doctrinas que no tienen sustento bíblico, sino que nos basaremos exclusivamente en la Escritura para ofrecer un camino de sanidad, restauración y transformación. Dios es nuestro sanador y libertador, y en Él podemos encontrar la paz y la fortaleza para superar cualquier tipo de adicción que nos esté apartando de Su propósito eterno para nuestras vidas.

La Biblia nos dice que el Señor nos ha llamado a una vida de pureza, santidad y poder, pero para vivir esa vida necesitamos ser conscientes de aquellos obstáculos internos que nos limitan. La lucha con la adicción es, en muchos casos, una lucha interna contra la carne, el mundo y el enemigo. Pero también es una oportunidad para experimentar la gracia y el poder de Dios en su máxima expresión. Dios no solo nos salva de la condenación eterna, sino que también nos ofrece poder para vivir vidas victoriosas aquí en la tierra.

Mi esperanza y oración es que este libro sea un faro de luz para todos aquellos que sienten que han sido atrapados en un ciclo de adicción y lucha constante. Mi deseo es que, al leer estas páginas, puedas identificar, con la ayuda del Espíritu Santo, aquellos patrones de vida que no son agradables a Dios y que están robando tu paz, tu gozo y tu testimonio. Más que un manual de tratamiento, este libro busca ser un llamado a la transformación, un desafío a vivir de acuerdo con los principios eternos de la Palabra de Dios, y una invitación a caminar hacia la libertad que solo Cristo puede dar. Este viaje no será fácil, pero es posible. No estás solo. El

Espíritu Santo está contigo, y la iglesia de Cristo está aquí para ayudarte a caminar en libertad.

La restauración es una promesa para todo aquel que busque la liberación en Él. En Cristo, las cadenas caen, las mentiras se desvanecen, y el alma es restaurada. ¡Es tiempo de romper con los patrones destructivos del pasado y caminar hacia el propósito divino para tu vida! Te invito a seguir leyendo, a reflexionar profundamente sobre las verdades que aquí se presentan, y a permitir que Dios haga una obra profunda en tu vida mientras nos sumergimos en Su palabra para enfrentar las adicciones que pueden estar impidiendo que vivas la vida abundante que Él tiene preparada para ti.

Voy a exponer primeramente una visión científica detallada de cómo se forma y funciona una adicción, abordando los procesos neurobiológicos, psicológicos y sociales involucrados. Luego, pasaré a la visión bíblica sobre la adicción, basándome en principios espirituales y éticos establecidos en las Escrituras, para ilustrar cómo se relacionan y contrastan ambos enfoques. A través de esta exposición, interconectaré ambas perspectivas, demostrando cómo la ciencia y la Biblia pueden complementarse y ofrecer una comprensión más completa del fenómeno de la adicción, ayudando a quienes luchan con esta condición a encontrar una ruta hacia la sanación tanto en lo físico como en lo espiritual.

Capítulo 1:
¿Qué es una adicción? Explicación científica

Una adicción es una condición compleja y crónica que afecta tanto al cerebro como al comportamiento de una persona. A nivel científico, la adicción se define como un trastorno caracterizado por la dependencia compulsiva de una sustancia o comportamiento, a pesar de las consecuencias negativas que puedan derivarse de su uso o práctica. En términos más sencillos, una persona adicta pierde el control sobre su relación con una sustancia o acción y, a menudo, se ve atrapada en un ciclo destructivo del que le resulta difícil salir, incluso si lo desea. Esta dependencia no es únicamente psicológica, sino también biológica, lo que hace que el proceso de superarla sea especialmente desafiante. Para profundizar más en la comprensión de la adicción, es importante explorar cómo se desarrolla y cómo afecta a diferentes áreas del ser humano. La adicción, como mencionamos anteriormente, es una enfermedad compleja, que involucra la interacción de factores biológicos, psicológicos y sociales. La ciencia ha hecho grandes avances en el entendimiento de los mecanismos cerebrales que subyacen a las conductas adictivas, pero también debemos tener en cuenta cómo las experiencias de vida y las predisposiciones genéticas juegan un papel fundamental en su aparición.

El proceso de formación de la adicción
La adicción no suele desarrollarse de manera instantánea. Es un proceso gradual que sigue una serie de etapas, y la mayoría de las veces, comienza de manera inadvertida. A continuación, se detallan las fases principales de este proceso.

Exposición inicial y experimentación

La adicción comienza cuando una persona se expone a una sustancia o actividad placentera por primera vez. Esta exposición puede ser voluntaria o debido a factores sociales o culturales (como el consumo de alcohol o drogas en una fiesta). En el caso de adicciones conductuales, como el juego o la pornografía, la exposición inicial también puede ser intencional o casual. Esta fase de experimentación no siempre resulta en adicción, pero en algunas personas, el uso o la participación repetida puede activar mecanismos cerebrales que fomentan la repetición del comportamiento.

La fase experimental de la adicción

La fase experimental es la etapa inicial en el proceso de la adicción, y constituye el primer contacto de una persona con una sustancia o una conducta potencialmente adictiva. Durante esta fase, el individuo suele probar la sustancia o actividad sin una intención de desarrollar una dependencia. Esta fase es crítica porque, aunque en muchos casos no conduce a la adicción, puede ser el punto de partida para que algunas personas comiencen un camino hacia la dependencia.

¿Qué sucede en la fase experimental?

La fase experimental está caracterizada por la curiosidad o la presión social. En esta etapa, la persona no necesariamente está buscando un cambio de estado mental, pero se ve atraída por la oportunidad de experimentar algo nuevo, o por el deseo de encajar en un grupo social que ya participa de esa actividad. Esta fase puede involucrar a sustancias como el alcohol, las drogas recreativas, el tabaco, o comportamientos como el juego, la pornografía o las compras compulsivas.

En la fase experimental, la persona experimenta los efectos inmediatos de la sustancia o el comportamiento, los cuales pueden ser placenteros, excitantes o relajantes. Dependiendo de la naturaleza de la sustancia o actividad, estos efectos pueden incluir sensaciones de euforia, desinhibición, relajación, o incluso una percepción alterada de la realidad. En el caso de las conductas adictivas, el refuerzo emocional o la gratificación inmediata también juegan un papel importante.

Factores que motivan la fase experimental curiosidad y deseo de novedad

El ser humano tiene una inclinación natural a explorar y experimentar con cosas nuevas, y esto puede incluir sustancias o conductas que alteran el estado mental. La curiosidad por saber cómo se siente consumir una sustancia o participar en una actividad diferente a la cotidiana puede ser un factor importante.

Presión social

Las influencias sociales juegan un papel crucial en la fase experimental. En contextos donde el consumo de sustancias o ciertos comportamientos adictivos son comunes (como en fiestas, entre amigos o dentro de ciertos círculos sociales), las personas, especialmente los jóvenes, pueden sentir una presión para experimentar con estas actividades con el fin de pertenecer a un grupo, ser aceptados o mostrar independencia.

Búsqueda de alivio o escapatoria temporal

Algunas personas pueden iniciar el uso de sustancias o comportamientos adictivos debido a un deseo de escapar de problemas emocionales, estrés, ansiedad o sufrimiento. En estos casos, aunque el individuo no se considera adicto en esta etapa, busca alivio momentáneo a sus emociones o situaciones difíciles. Por ejemplo, el consumo de alcohol o drogas puede parecer una forma rápida de lidiar con el dolor emocional o la angustia.

Disponibilidad y accesibilidad

La disponibilidad de sustancias adictivas o el acceso fácil a comportamientos como el juego o el uso de internet también influye en la fase experimental. Si una persona tiene acceso directo a sustancias o comportamientos adictivos, la probabilidad de que se exponga a ellos aumenta, lo que eleva el riesgo de que inicie una experimentación que podría desarrollarse en un patrón adictivo.

Efectos inmediatos y gratificación

Durante la fase experimental, los efectos inmediatos de la sustancia o actividad son claves para que la persona continúe con la experimentación. Las sustancias adictivas como las drogas o el alcohol actúan directamente sobre el cerebro, liberando neurotransmisores como la dopamina, lo que produce sensaciones placenteras. Este sistema de recompensa, que está diseñado para motivar el comportamiento, hace que la persona se sienta "bien" durante el consumo, lo que aumenta las probabilidades de que quiera experimentar nuevamente. En el caso de las adicciones conductuales, como el juego o el uso de la pornografía, también se libera dopamina en el cerebro, creando una gratificación similar que refuerza la conducta.

Por ejemplo: Al consumir alcohol, una persona puede sentirse más relajada y socialmente confiada, lo que la lleva a pensar que esta es una forma adecuada de afrontar situaciones sociales o estresantes. Al participar en juegos de azar, la persona experimenta la excitación de ganar, lo que refuerza la conducta y aumenta la posibilidad de seguir jugando, incluso si en el fondo sabe que esto puede generar problemas a largo plazo.

La gratificación inmediata, tanto a nivel físico como emocional, actúa como un potente motor que motiva la repetición de la conducta.

El papel del cerebro en la fase experimental

En esta fase, aunque la persona no está completamente atrapada por la adicción, el cerebro está comenzando a formar asociaciones entre el consumo de la sustancia o la participación en el comportamiento y la sensación de recompensa. El cerebro utiliza el sistema de dopamina, que es el encargado de producir sensaciones de placer y satisfacción. Cuando una persona experimenta esta gratificación, las áreas del cerebro relacionadas con el placer y la recompensa se activan, y esto refuerza la conducta, haciendo que la persona quiera repetirla.

El sistema de recompensa es vital para la supervivencia, ya que está diseñado para reforzar las conductas que nos benefician, como alimentarnos, relacionarnos y procrear. Sin embargo, las sustancias y comportamientos adictivos pueden secuestrar este sistema, proporcionando una gratificación artificialmente elevada, lo que hace que el cerebro desee experimentar esa sensación nuevamente.

La delgada línea entre la experimentación y la adicción

Aunque la fase experimental generalmente no conduce a la adicción, es el punto de entrada para muchas personas que eventualmente desarrollarán una dependencia. La frecuencia y la intensidad de la exposición durante esta fase juegan un papel importante. Si una persona prueba una sustancia o se involucra en un comportamiento adictivo de forma ocasional y no repite, el riesgo de adicción es bajo. Sin embargo, cuando la experimentación se convierte en un patrón repetido, el riesgo de desarrollar una dependencia aumenta considerablemente.

El papel de la tolerancia y la repetición

Cuando la persona comienza a experimentar de manera recurrente con una sustancia o comportamiento adictivo, su cerebro se adapta. El sistema de recompensa se sobrecarga, y el cerebro comienza a necesitar mayores dosis o más gratificación para obtener el mismo efecto placentero. Este fenómeno es conocido como tolerancia. Al principio, una pequeña cantidad de la sustancia o una breve sesión de comportamiento adictivo puede generar una fuerte gratificación. Pero con el tiempo, el cerebro requiere más para alcanzar la misma sensación de placer, lo que lleva a un mayor consumo o participación.

¿Es posible evitar que la fase experimental evolucione a una adicción?

Sí, es posible. Aunque la fase experimental puede ser un punto de entrada para la adicción, no todas las personas que experimentan con sustancias o conductas adictivas se convierten en adictas. Algunos factores que influyen en la progresión de la adicción incluyen:

Factores de resiliencia personal

Las personas que cuentan con una mayor capacidad para manejar el estrés, las emociones y las presiones sociales tienen menos probabilidades de desarrollar una adicción.

Intervenciones tempranas

La educación sobre los riesgos asociados con el consumo y las conductas adictivas, junto con estrategias de prevención, puede ayudar a las personas a tomar decisiones informadas y evitar la repetición del comportamiento.

La intervención temprana es clave para prevenir que la fase experimental de una adicción se convierta en un patrón de dependencia. La educación sobre los riesgos asociados con el consumo de sustancias y las conductas adictivas, junto con estrategias de prevención, es fundamental para ayudar a las personas a tomar decisiones informadas antes de que el comportamiento adictivo se arraigue. Cuanto más temprano se aborden estos problemas, mayor será la probabilidad de que la persona evite caer en la adicción, ya que se pueden establecer límites y patrones de comportamiento más saludables.

Una de las estrategias más efectivas en la prevención de la adicción es la comunicación abierta y honesta sobre los riesgos y consecuencias. Esto requiere un enfoque educativo que no solo se base en advertencias, sino que también proporcione información clara y comprensible sobre cómo las sustancias o los comportamientos adictivos afectan tanto la mente como el cuerpo. Sin embargo, este tipo de conversación no siempre es fácil de tener, y es por eso que resulta tan importante encontrar a alguien con quien hablar sobre el tema.

El apoyo emocional de una persona confiable puede marcar la diferencia. Ya sea un amigo cercano, un miembro de la familia, un consejero o un líder de la iglesia, hablar sobre los riesgos y preocupaciones relacionadas con las adicciones requiere valentía. La persona que se siente tentada o está en la fase experimental de una adicción a menudo experimenta miedo, vergüenza o inseguridad, lo que puede dificultar el inicio de una conversación al respecto. Sin embargo, encontrar una figura de confianza, alguien que escuche sin juzgar y ofrezca orientación, es una estrategia preventiva clave. La valentía de alguien para acercarse y hablar sobre este tema puede ser el primer paso para interrumpir el camino hacia la adicción.

La prevención temprana no solo implica advertir sobre los riesgos, sino también proporcionar recursos adecuados para el manejo de emociones, estrés y situaciones difíciles sin recurrir al consumo de sustancias o a conductas adictivas. Esto puede incluir enseñar habilidades de afrontamiento, promover la resiliencia emocional y ofrecer alternativas saludables de recreación y expresión. En este sentido, tanto la iglesia como las comunidades de apoyo juegan un papel crucial, ofreciendo un entorno donde se fomentan valores como el autocontrol, la paciencia y la fortaleza espiritual.

Además, los líderes de la iglesia tienen una responsabilidad importante en las intervenciones tempranas. La valentía de un líder espiritual para abordar el tema de la adicción dentro de la congregación, sin estigmatizar a los afectados, es crucial para crear una atmósfera de aceptación y apoyo. Si los líderes están informados y preparados para reconocer las señales de advertencia de una adicción, pueden ofrecer recursos y orientación antes de que el problema se agrave.

En resumen, las intervenciones tempranas requieren no solo conocimiento, sino también valentía. Es necesario que las personas se sientan lo suficientemente seguras como para hablar sobre sus luchas y que encuentren el apoyo adecuado para tomar decisiones informadas y evitar caer en patrones de dependencia. La combinación de educación, apertura emocional y recursos adecuados puede ayudar a las personas a abordar las adicciones desde su raíz, antes de que se conviertan en un ciclo destructivo.

Apoyo social

El apoyo social juega un papel fundamental en la prevención y tratamiento de las adicciones, ya que las relaciones inter- personales positivas proporcionan un entorno de contención y motivación. El apoyo de amigos, familiares, grupos de apoyo y, especialmente, de la iglesia, puede ser crucial para evitar que la fase experimental de una adicción evolucione hacia un patrón de dependencia. Un entorno de apoyo efectivo ofrece alternativas saludables y constructivas al consumo de sustancias o la participación en comportamientos adictivos, ayudando a la persona a manejar sus emociones, superar sus dificultades y fortalecer su autoestima.

La iglesia, en particular, tiene un papel único y poderoso en este contexto. No solo proporciona un sentido de comunidad y pertenencia, sino que también ofrece principios espirituales que fomentan la sanación interior y la restauración emocional. Los miembros de la iglesia, especialmente aquellos en posiciones de liderazgo, pueden ser una fuente invaluable de apoyo y orientación para quienes enfrentan luchas con la adicción. Sin embargo, es fundamental que los líderes espirituales y pastores estén formados y capacitados en cuestiones relacionadas con las adicciones. Tener líderes bien preparados les permite identificar los signos tempranos de dependencia, ofrecer apoyo adecuado y dirigir a las personas hacia recursos y programas de tratamiento, ya sean espirituales, psicológicos o médicos.

Un líder formado no solo puede brindar consuelo y oración, sino que también puede orientar a la persona hacia un proceso de restauración integral que combine la fe, la terapia y el apoyo práctico. En la iglesia, un enfoque holístico que involucre tanto la dimensión espiritual como la emocional y física, es clave para el proceso de recuperación. La integración de principios bíblicos con estrategias de apoyo social puede crear un ambiente donde la persona se sienta segura, respaldada y motivada a cambiar, mientras se enfrenta a la adicción de una manera más saludable y equilibrada.

Es esencial que tanto la iglesia como otros grupos de apoyo colaboren en la creación de una red de apoyo sólida, donde la ayuda no solo se brinde en momentos de crisis, sino también a lo largo del proceso de recuperación, generando un espacio seguro para compartir luchas, avances y la búsqueda de una vida plena.

Factores genéticos y ambientales

Algunas personas pueden ser más vulnerables a la adicción debido a factores genéticos o ambientales, lo que hace más probable que progresen de la experimentación hacia la dependencia.

La fase experimental es el primer contacto con una sustancia o comportamiento que puede llevar a la adicción. En esta etapa, la persona generalmente no tiene la intención de convertirse en adicta y no siente que el uso o la participación sea problemático. Sin embargo, el placer o gratificación inmediata que se experimenta puede activar el sistema de recompensa del cerebro y motivar a la persona a repetir el comportamiento. Si este ciclo se repite con el tiempo, puede dar lugar a la tolerancia, dependencia y adicción. El reconocimiento temprano de los riesgos de la fase experimental y la intervención a tiempo son claves para prevenir que la adicción se desarrolle.

La pérdida de control y la disfunción en la regulación de los impulsos

A medida que una persona sigue utilizando una sustancia o participando en un comportamiento adictivo, el cerebro em- pieza a formar asociaciones entre dicha actividad y la liberación de dopamina, un neurotransmisor clave relacionado con el placer y la recompensa. Esta liberación de dopamina actúa como un refuerzo positivo, creando una sensación de bienestar que motiva a la persona a repetir la acción. A medida que se repite este proceso, las conexiones neuronales en el cerebro se refuerzan, haciendo que el cerebro asocie de manera más fuerte la actividad con la recompensa, lo que genera un ciclo de repetición.

El rol de la dopamina en el sistema de recompensa

La dopamina se considera un "neurotransmisor de la motivación", ya que está involucrada en la búsqueda de recompensas y en la motivación para realizar actividades que producen placer. En situaciones normales, la dopamina se libera en el cerebro como parte del sistema de recompensa cuando realizamos actividades placenteras, como comer, socializar o practicar ejercicio. Esta liberación de dopamina nos motiva a continuar esas actividades. Sin embargo, cuando una sustancia o un comportamiento adictivo se introduce, el cerebro empieza a recibir niveles mucho más altos de dopamina de los que naturalmente generaría.

Por ejemplo, cuando una persona consume una droga como la cocaína o la heroína, o participa en un comportamiento como el juego compulsivo o el consumo de pornografía, la liberación de dopamina es mucho más intensa que la de actividades cotidianas. Este pico de dopamina genera una sensación de euforia o gratificación inmediata que refuerza el deseo de repetir la experiencia. El cerebro "aprende" que esa sustancia o actividad es la fuente de la recompensa y empieza a buscarla de manera compulsiva.

La amígdala y las emociones

La amígdala es una estructura cerebral que juega un papel importante en la gestión de las emociones, particularmente las relacionadas con el miedo y la recompensa. Cuando una persona se enfrenta a un estímulo relacionado con su adicción (por ejemplo, ver un cigarro o entrar en un lugar donde solía consumir drogas), la amígdala se activa, lo que provoca una fuerte respuesta emocional. Esta respuesta emocional puede desencadenar el deseo compulsivo de consumir la sustancia o participar en la conducta adictiva.

A medida que la adicción progresa, la amígdala se vuelve más sensible a los estímulos que inducen el deseo de consumir, y esta "trampa emocional" puede llevar a la persona a actuar sin reflexionar sobre las consecuencias. La adicción, por lo tanto, también se asocia con un desequilibrio emocional que puede llevar a la persona a buscar consuelo o alivio en la sustancia o conducta adictiva, lo que genera un ciclo de refuerzo negativo.

Neuroplasticidad y refuerzo de las conexiones neuronales

Con el tiempo, las repeticiones de este comportamiento o consumo generan un fenómeno conocido como neuroplasticidad, que es la capacidad del cerebro para reorganizarse y formar nuevas conexiones entre las neuronas. Cuanto más se repite la acción que produce la liberación de dopamina, más fuerte y eficiente se hace la conexión entre el centro de recompensa del cerebro (principalmente el *nucleus accumbens* y otras áreas como la corteza prefrontal) y la acción o sustancia que la desencadena. Este proceso aumenta la sensibilidad del sistema de recompensa: las actividades que producen dopamina se vuelven cada vez más atractivas y deseables, lo que lleva a la persona a buscar de forma compulsiva esa gratificación.

Sin embargo, a medida que las conexiones neuronales se refuerzan, el cerebro también comienza a experimentar un fenómeno contrario: la tolerancia. Esto significa que, con el tiempo, la persona necesita consumir más de la sustancia o participar más intensamente en el comportamiento para lograr el mismo efecto de gratificación. La tolerancia es un mecanismo de adaptación del cerebro que intenta regular el exceso de dopamina, pero también hace que la persona necesite más para satisfacer la misma necesidad de recompensa.

La regulación de los impulsos en el cerebro

Una de las consecuencias más significativas de la adicción es la disminución en la capacidad del cerebro para regular los impulsos. Esto ocurre principalmente en la corteza prefrontal, una región cerebral que está asociada con la toma de decisiones, el autocontrol, la planificación a largo plazo y la inhibición de conductas impulsivas. En un cerebro sano, la corteza prefrontal regula la actividad de otras áreas del cerebro que impulsan comportamientos impulsivos. Sin embargo, en una persona adicta, esta regulación se ve afectada. Las conexiones entre la corteza prefrontal y los centros de recompensa se debilitan, lo que dificulta que la persona controle el deseo compulsivo de consumir la sustancia o de participar en el comportamiento adictivo.

Esto crea un ciclo donde el deseo compulsivo de repetir la experiencia gratificante supera la capacidad del individuo para tomar decisiones racionales y ponderadas. La persona adicta ya no puede evaluar de manera efectiva las consecuencias negativas del comportamiento, lo que lleva a la repetición continua del consumo o la actividad, a pesar de los efectos destructivos que puedan estar ocurriendo en su vida.

El fenómeno de la "recompensa deseada"

A medida que el cerebro se adapta al consumo repetido de una sustancia o al involucrarse en un comportamiento adictivo, los centros de recompensa del cerebro se activan con mayor intensidad cada vez que la persona se expone a señales que pueden desencadenar la búsqueda de la sustancia o la actividad adictiva. Por ejemplo, el simple hecho de ver una persona que consume alcohol o de estar cerca de un casino puede ser suficiente para activar esos centros de recompensa y hacer que la persona sienta un fuerte impulso de participar en el comportamiento adictivo, incluso sin haber consumido previamente.

Este fenómeno es conocido como "sensibilización" y se refiere al proceso por el cual las señales relacionadas con la sustancia o el comportamiento se vuelven más poderosas y el cerebro las interpreta como una "recompensa deseada". El deseo de obtener la gratificación puede volverse tan fuerte que la persona se siente incapaz de resistirlo, lo que conduce a un ciclo de adicción aún más profundo.

La dependencia y la "necesidad" de la sustancia o comportamiento

Finalmente, a medida que el cerebro continúa adaptándose a la presencia constante de la sustancia o el comportamiento adictivo, la persona no solo experimenta una mayor tolerancia y sensibilización sino también una verdadera dependencia. Esto significa que la persona ya no busca simplemente la recompensa; el cerebro comienza a interpretar la ausencia de la sustancia o la actividad como algo negativo o como una forma de malestar físico y emocional. La persona se siente necesitada de la sustancia o el comportamiento para sentirse "normal" o aliviar el malestar, lo que refuerza aún más el ciclo adictivo.

Este ciclo continuo de recompensa y malestar, de placer seguido por el vacío o la ansiedad de la abstinencia, es lo que caracteriza la adicción como un trastorno crónico, donde la capacidad del cerebro para regular los impulsos y gestionar las emociones se ve severamente comprometida.

En resumen, la adicción es un proceso neurobiológico complejo en el que el cerebro forma asociaciones entre una actividad y la liberación de dopamina, lo que refuerza la repetición del comportamiento adictivo. A lo largo del tiempo, la recompensa que produce la sustancia o el comportamiento se convierte en un objetivo buscado compulsivamente, lo que activa los centros de recompensa del cerebro de manera cada vez más intensa. Al mismo tiempo, la capacidad del cerebro para regular los impulsos disminuye, lo que lleva a una pérdida de control sobre el comportamiento. Este proceso de refuerzo, tolerancia y pérdida de autocontrol es lo que establece las bases para el ciclo destructivo de la adicción.

Crisis y consecuencias negativas de la adicción

La adicción, aunque comienza como una búsqueda de gratificación o alivio, inevitablemente lleva a una fase de crisis, donde los efectos adversos se vuelven cada vez más evidentes. Esta fase está marcada por las consecuencias negativas que se manifiestan tanto a nivel físico como emocional, social y profesional. Sin embargo, lo paradójico de la adicción es que, a pesar de que la persona es consciente de estos efectos destructivos, las fuertes dinámicas cerebrales que refuerzan el comportamiento adictivo dificultan el salir de este ciclo autodestructivo.

Impacto en la salud física y mental

Uno de los primeros y más evidentes efectos negativos de la adicción es el deterioro de la salud física. En el caso de las adicciones a sustancias, como las drogas, el alcohol o el tabaco, el cuerpo experimenta un desgaste progresivo. El sistema nervioso central, los órganos vitales (hígado, pulmones, corazón), el sistema inmunológico y otras funciones corporales se ven profundamente afectados. En el caso de la adicción a sustancias como el alcohol o las drogas, el daño es a menudo directo y severo, con consecuencias como cirrosis hepática, enfermedades respiratorias, trastornos cardiovasculares y daños cerebrales.

Además de estos efectos físicos, la adicción está profunda- mente vinculada a problemas de salud mental. Los individuos que sufren de adicciones a menudo experimentan trastornos como depresión, ansiedad, trastornos de la personalidad y psicosis. Estos trastornos pueden ser tanto la causa como la consecuencia de la adicción. El consumo excesivo de sustancias, por ejemplo, puede alterar la química cerebral, provocando cambios en el estado de ánimo, alteraciones en la percepción y en el comportamiento, lo que genera un círculo vicioso. La persona adicta puede recurrir al consumo como una forma de automedicación, buscando alivio temporal de su ansiedad o depresión, pero esto solo agrava los síntomas a largo plazo.

Deterioro de las relaciones interpersonales

Las consecuencias sociales de la adicción son igualmente devastadoras. Las personas que luchan con una adicción suelen experimentar una pérdida progresiva de sus relaciones interpersonales, tanto con familiares como con amigos y compañeros de trabajo. A medida que la adicción avanza, la persona tiende a priorizar la sustancia o el comportamiento adictivo por encima de cualquier otra cosa, incluyendo a sus seres queridos. Esto puede llevar a la ruptura de relaciones familiares, problemas de pareja, divorcios y el aislamiento social.

Las mentiras, el engaño y el abuso emocional son comunes en las relaciones afectadas por la adicción. Las personas cercanas a la persona adicta pueden sentir que no pueden confiar más en ella, ya que la adicción convierte a la persona en un "esclavo" de la sustancia o el comportamiento. Además, la persona adicta a menudo se siente avergonzada y culpable por su comportamiento, lo que puede intensificar la sensación de aislamiento y contribuir a la autoexclusión. En muchos casos, la persona se encuentra atrapada entre el deseo de seguir consumiendo y el dolor que le causa el daño a sus relaciones personales.

Pérdida de empleo y estatus social

En el ámbito laboral, la adicción tiene consecuencias devastadoras. La pérdida de productividad, la falta de concentración, la negligencia y la incapacidad para cumplir con responsabilidades profesionales son solo algunas de las formas en que la adicción impacta en el desempeño laboral. Los individuos adictos a menudo faltan al trabajo, llegan tarde, toman decisiones impulsivas o exhiben conductas erráticas debido al consumo de sustancias o el comportamiento compulsivo. Esto no solo afecta su rendimiento, sino que también pone en riesgo su estabilidad económica y su carrera profesional. En muchos casos, la persona puede enfrentar despidos o ser incapaz de mantener un empleo a largo plazo, lo que incrementa la sensación de desesperación y la presión emocional.

La pérdida del empleo puede conducir a una espiral descendente de problemas financieros, que alimenta aún más la adicción al generar estrés, frustración y desesperanza. La adicción y el desempleo a menudo se convierten en un ciclo vicioso en el que la persona siente que su vida está fuera de control y la única forma de escapar es recurriendo nuevamente a la sustancia o al comportamiento adictivo.

La falta de autocontrol y el ciclo de repetición

A pesar de ser conscientes de las consecuencias negativas de su adicción, muchas personas se ven incapaces de romper el ciclo debido a los poderosos mecanismos cerebrales involucrados en la adicción. Como se explicó anteriormente, el cerebro de una persona adicta ha formado fuertes asociaciones entre la sustancia o el comportamiento adictivo y la liberación de dopamina, el neurotransmisor asociado con la recompensa y el placer. Con el tiempo, el cerebro llega a priorizar la búsqueda de esa gratificación inmediata por encima de la evaluación racional de las consecuencias a largo plazo.

La disminución en la capacidad de la corteza prefrontal para regular los impulsos es uno de los factores clave que contribuye a la falta de autocontrol. Esta región cerebral es responsable de la toma de decisiones racionales, la planificación a largo plazo y la inhibición de comportamientos impulsivos. En una persona adicta, las conexiones neuronales entre la corteza prefrontal y los centros de recompensa se debilitan, lo que impide que la persona evalúe adecuadamente las consecuencias de sus acciones.

El deseo compulsivo de la gratificación inmediata supera la capacidad de tomar decisiones racionales, lo que lleva a la persona a continuar participando en el comportamiento adictivo, a pesar de ser plenamente consciente de los daños que le está causando a su vida. Esta disfunción en la toma de decisiones es lo que mantiene a la persona atrapada en un ciclo destructivo, donde el sufrimiento y las consecuencias negativas solo sirven para aumentar la desesperación y el deseo de buscar consuelo en la sustancia o el comportamiento adictivo.

La desesperación y la negación

Otro aspecto clave en la fase de crisis es la desesperación. La persona adicta puede comenzar a sentirse atrapada en una vida de sufrimiento constante, donde la adicción parece ser el único medio para lidiar con el dolor emocional y físico. Esto puede generar una profunda sensación de impotencia, donde la persona siente que no tiene control sobre su vida y que ya no es capaz de cambiar.

En muchos casos, la negación juega un papel importante. A pesar de las consecuencias evidentes de la adicción, la persona adicta puede minimizar la gravedad de su situación o convencer a los demás (y a sí misma) de que está bajo control. La negación puede funcionar como una defensa psicológica que protege a la persona de enfrentar la dura realidad de su adicción, lo que retrasa aún más la búsqueda de ayuda y el proceso de recuperación.

La fase de crisis de la adicción es una etapa donde los efectos negativos se vuelven profundamente visibles y afectan todos los aspectos de la vida de la persona. Aunque esta etapa está marcada por el sufrimiento físico, emocional y social, la incapacidad del cerebro para regular los impulsos, junto con los mecanismos de recompensa distorsionados, crea un ciclo muy difícil de romper. La persona adicta, aunque consciente de las consecuencias, sigue atrapada en la búsqueda constante de gratificación inmediata. Esto demuestra lo complejo y destructivo que es el fenómeno de la adicción, y la necesidad urgente de intervenciones efectivas que ayuden a restaurar el equilibrio y la salud mental y emocional del individuo.

Tratamiento y recuperación de la adicción

A continuación, te explicaré cómo la ciencia aborda el tratamiento y la recuperación de la adicción, basándose en un enfoque integral que considera tanto los mecanismos biológicos y neuroquímicos del cerebro, como los aspectos psicológicos y sociales que influyen en el comportamiento adictivo.

La recuperación de la adicción es un proceso complejo y largo, que requiere un enfoque integral para restaurar el bienestar físico, emocional y social del individuo. Dado que la adicción afecta profundamente la estructura y función del cerebro, la recuperación no se limita a la simple desintoxicación o a la abstinencia de la sustancia o comportamiento adictivo. Más allá de detener el consumo, la recuperación implica un pro- ceso continuo de curación cerebral, rehabilitación emocional y reestructuración cognitiva. A continuación, se exploran los aspectos clave del tratamiento y la recuperación de la adicción.

El papel de la neuroplasticidad en la recuperación

El cerebro tiene una notable capacidad para adaptarse y re- organizarse, lo que se conoce como neuroplasticidad. A lo largo del proceso de la adicción, el cerebro sufre alteraciones significativas en las áreas responsables de la toma de decisiones, el control de los impulsos y la gestión de recompensas. Sin embargo, a pesar de las profundas huellas dejadas por la adicción, el cerebro tiene la capacidad de reorganizar sus redes neuronales. Esto significa que, con el tiempo y con la intervención adecuada, el cerebro puede "recuperarse" parcial- mente de las alteraciones causadas por el abuso de sustancias o comportamientos adictivos.

La neuroplasticidad permite que, a través de la práctica de nuevos comportamientos y el aprendizaje de habilidades de afrontamiento saludables, se formen nuevas conexiones neuronales. Sin embargo, este proceso es lento y requiere esfuerzo y constancia. Aunque el cerebro puede restaurar parcialmente su equilibrio químico y estructural, algunas de las alteraciones más profundas pueden persistir durante un largo período, lo que hace necesario un tratamiento a largo plazo.

Desintoxicación y abstinencia

La primera etapa del tratamiento de la adicción es la desintoxicación, un proceso físico en el que el cuerpo elimina las sustancias tóxicas acumuladas. Durante este proceso, el paciente puede experimentar síntomas de abstinencia, que varían en intensidad según la sustancia y el nivel de dependencia. La desintoxicación, a menudo realizada bajo supervisión médica, busca reducir los riesgos asociados con la interrupción abrupta del consumo de una sustancia.

Si bien la desintoxicación es esencial para que el cuerpo recupere el equilibrio, esta fase no aborda las causas subyacentes de la adicción ni las alteraciones cerebrales asociadas. Por esta razón, la abstinencia por sí sola no es suficiente para una recuperación duradera. Es fundamental que la persona adicta continúe con un tratamiento integral que aborde tanto los aspectos físicos como psicológicos de la adicción.

Terapias psicológicas y cognitivo-conductuales

Las terapias psicológicas son un componente crucial del tratamiento de la adicción. La adicción no solo es un trastorno físico, sino también un trastorno emocional y cognitivo, y las terapias psicológicas ayudan a abordar estos aspectos.

Terapia Cognitivo-Conductual (TCC)

Esta es una de las terapias más utilizadas en el tratamiento de la adicción. La TCC se enfoca en ayudar a los individuos a identificar y cambiar los patrones de pensamiento disfuncionales que alimentan el comportamiento adictivo. La adicción a menudo está vinculada a creencias erróneas, como la creencia de que la sustancia o el comportamiento es necesario para enfrentar el estrés o para sentirse bien. La TCC trabaja para reestructurar estos pensamientos y proporcionar estrategias alternativas para manejar las emociones y los impulsos sin recurrir a la adicción.

Terapias de modificación de comportamiento

Estas terapias se centran en el refuerzo de comportamientos saludables y la reducción de los comportamientos adictivos. A través de recompensas y consecuencias, el objetivo es cambiar la relación que el individuo tiene con la sustancia o el comportamiento adictivo, alentando la abstinencia y el desarrollo de hábitos positivos.

Terapia de aceptación y compromiso (ACT)

Esta terapia se enfoca en ayudar a las personas a aceptar sus pensamientos y emociones en lugar de luchar contra ellos. En el contexto de la adicción, ACT ayuda a los pacientes a reconocer los pensamientos y emociones relacionados con el deseo de consumir, pero a no dejarse controlar por ellos. A través de la aceptación y el compromiso con los valores personales, se enseña a vivir una vida plena y significativa sin necesidad de recurrir a la adicción.

Restauración del control de los impulsos

Una de las principales alteraciones que causa la adicción es la pérdida de control sobre los impulsos. A medida que la persona se adentra en el ciclo de la adicción, las conexiones neuronales entre la corteza prefrontal (responsable del autocontrol y la toma de decisiones) y los centros de recompensa se debilitan, lo que facilita la toma de decisiones impulsivas y la búsqueda de gratificación inmediata.

Para restaurar el control sobre los impulsos, se utilizan diversas técnicas de intervención. El entrenamiento en habilidades de afrontamiento es fundamental para ayudar a la persona a gestionar las emociones difíciles y las situaciones de alto riesgo sin recurrir a la adicción. También se pueden emplear estrategias de la meditación cristiana que es una práctica espiritual que busca acercarnos a Dios, reflexionar sobre Su Palabra y crecer en nuestra relación con Él. A diferencia de la meditación en otras tradiciones, que a menudo se enfoca en vaciar la mente, la meditación cristiana se centra en llenar la mente y el corazón con la verdad de Dios. Es un acto consciente de apartarnos de las distracciones del mundo para enfocar nuestra atención completamente en Él y Su voluntad para nuestras vidas., que permiten que la persona esté más consciente de sus pensamientos y emociones, ayudándola a tomar decisiones más reflexivas en lugar de impulsivas.

Fortalecimiento de la resiliencia emocional

La adicción a menudo está relacionada con problemas emocionales subyacentes, como el estrés, la ansiedad, la depresión o el trauma. Estas emociones intensas pueden ser un factor de riesgo para desarrollar adicciones, ya que las personas tienden a recurrir a sustancias o comportamientos adictivos como una forma de escapar o manejar el malestar emocional.

El tratamiento eficaz de la adicción debe incluir el fortalecimiento de la resiliencia emocional, que es la capacidad de afrontar y adaptarse positivamente a las adversidades. El desarrollo de habilidades para manejar el estrés, las emociones difíciles y las recaídas es esencial para la recuperación. El apoyo emocional, a través de grupos terapéuticos, terapia individual o redes de apoyo, también juega un papel crucial en la recuperación, ya que proporciona un entorno de comprensión y validación.

Prevención de recaídas

La prevención de recaídas es una parte importante de la fase de recuperación. La recaída es un fenómeno común en el tratamiento de la adicción, y no necesariamente significa un fracaso. Las recaídas son a menudo parte del proceso de aprendizaje y recuperación, lo que permite a la persona identificar áreas que necesitan más trabajo o que deben evitarse. Es crucial que el tratamiento no solo se enfoque en la abstinencia, sino también en las estrategias de prevención de recaídas, que incluyen:

- **Identificación de desencadenantes**: Reconocer las situaciones, personas o emociones que provo- can el deseo de recaer.
- **Desarrollo de un plan de acción**: Tener una estrategia lista para cuando se enfrenten a tentaciones o a situaciones de riesgo.
- **Red de apoyo**: Contar con amigos, familiares o grupos de apoyo que ofrezcan un sistema de contención y respaldo.

Recuperación a largo plazo y reintegración social

La recuperación de la adicción es un proceso continuo. Después de superar la fase inicial de desintoxicación y tratamiento psicológico, la persona debe trabajar en la reintegración social y laboral. Esto implica la restauración de sus relaciones personales, el retorno a la vida laboral y la participación en actividades sociales y recreativas saludables. El apoyo social es esencial durante esta etapa para evitar el aislamiento y la recaída.

La adicción es una enfermedad crónica que, como otras enfermedades crónicas, puede ser gestionada, pero no curada de manera definitiva. Las personas en recuperación deben aprender a manejar su adicción a lo largo del tiempo y mantener un compromiso constante con su bienestar físico, emocional y social.

La recuperación de la adicción es un proceso multifacético que va más allá de la simple abstinencia de la sustancia o comportamiento adictivo. Involucra una serie de intervenciones físicas, psicológicas y sociales que permiten a la persona reconstruir su vida, restaurar el control sobre sus impulsos y sanar las heridas emocionales que alimentan la adicción. La neuroplasticidad, la terapia psicológica, el fortalecimiento de la resiliencia y la prevención de recaídas son aspectos fundamentales en este proceso, que requiere tiempo, esfuerzo y apoyo continuo para lograr una recuperación exitosa y duradera.

El impacto de la adicción en el cerebro

Como mencionamos antes, la adicción altera el cerebro de una manera muy profunda. Uno de los principales procesos involucrados es la neuroplasticidad, que es la capacidad del cerebro para reorganizarse y formar nuevas conexiones neuronales en respuesta a las experiencias. Aunque la neuroplasticidad es esencial para aprender y adaptarse, también puede ser "mal dirigida" durante la adicción. Las experiencias repetidas de con- sumo de drogas o participación en comportamientos adictivos conducen a una reorganización de las conexiones cerebrales que favorecen la búsqueda constante de la recompensa. El cerebro "aprende" que la sustancia o la actividad es necesaria para sentirse bien, lo que genera una necesidad compulsiva.

El circuito de recompensa está principalmente involucrado en este proceso. Este circuito incluye varias áreas del cerebro, entre ellas:

- **El núcleo accumbens**, que es el principal centro de la recompensa.
- **El área tegmental ventral (VTA)**, que produce dopamina.
- **La corteza prefrontal**, que se encarga de la toma de decisiones y el control de impulsos.

Cuando estos sistemas se alteran, el individuo pierde la capacidad de regular el deseo de consumir o de participar en el comportamiento adictivo. En lugar de responder de manera adaptativa a las señales del entorno, el cerebro se vuelve hiperreactivo a los desencadenantes de la adicción.

Factores genéticos y ambientales que influyen en la adicción

La predisposición genética desempeña un papel importante en la vulnerabilidad a la adicción. Se estima que entre el 40% y el 60% de la probabilidad de desarrollar una adicción puede estar relacionada con factores genéticos. Esto significa que si una persona tiene antecedentes familiares de adicciones, es más probable que tenga una mayor susceptibilidad a desarrollar una dependencia, aunque esto no garantiza que ocurrirá.

El concepto de maldiciones hereditarias o maldiciones generacionales se encuentra en diversos pasajes del Antiguo Testamento. Por ejemplo, en Éxodo 20:5 y Deuteronomio 5:9, Dios menciona que visitará la maldad de los padres sobre los hijos hasta la tercera y cuarta generación. Este versículo ha sido interpretado en muchas tradiciones religiosas como una forma de maldición hereditaria, lo que implicaría que los pecados de los padres pueden afectar a sus descendientes.

Sin embargo, es crucial comprender que la interpretación de estos pasajes y su aplicación varía considerablemente en la iglesia primitiva y en la teología cristiana moderna. En el Antiguo Testamento, los problemas generacionales de carácter espiritual o moral eran vistos frecuentemente como una forma de juicio colectivo: las generaciones posteriores eran influenciadas por las decisiones y pecados de sus antepasados, lo que afectaba la bendición o la maldición sobre un pueblo o familia. Sin embargo, esto no implica necesariamente una condena irrevocable ni una "maldición" en el sentido que muchas veces se aplica en ciertas enseñanzas modernas.

En la Iglesia primitiva, la idea de las maldiciones hereditarias no era un tema central en la predicación ni en la enseñanza. Jesús mismo rompió con muchas de las concepciones que implicaban una influencia negativa directa de los pecados de los padres sobre los hijos. Un ejemplo claro de esto lo encontramos en Juan 9:1-3, cuando Jesús sana a un ciego de nacimiento. Sus discípulos le preguntan si el ciego nació así debido a sus pecados o a los de sus padres. Jesús responde: *"Ni él pecó, ni sus padres, sino que esto sucedió para que las obras de Dios se manifiesten en él"*. Este pasaje indica que la condición de la persona no está necesariamente vinculada a una maldición heredada, sino a la oportunidad de mostrar la gloria de Dios en su vida.

Además, en el Nuevo Testamento, las enseñanzas de Pablo reflejan un entendimiento más profundo de la libertad que se tiene en Cristo sobre el pecado y las consecuencias generacionales. En Romanos 5:19, Pablo dice:

> "Porque así como por la desobediencia de
> un hombre muchos fueron hechos pecadores,
> así también por la obediencia de uno, muchos
> serán hechos justos".

Aquí, se presenta la idea de que, a través de Cristo, la maldad de las generaciones pasadas puede ser redimida, y cada individuo tiene la capacidad de elegir un camino diferente, independientemente de las influencias pasadas.

Genética y susceptibilidad a las adicciones

En cuanto a los factores genéticos y la relación con la adicción, la ciencia moderna sugiere que la predisposición genética puede jugar un papel importante en la susceptibilidad a desarrollar dependencias. Según estudios, entre el 40% y el 60% de la probabilidad de desarrollar una adicción puede estar relacionada con factores genéticos. Esto significa que, si una persona tiene antecedentes familiares de adicciones, es más probable que tenga una mayor predisposición biológica hacia comportamientos adictivos. Sin embargo, como también se menciona, esto no es una sentencia ineludible. Las influencias ambientales, sociales y las decisiones personales juegan un papel clave en la manifestación o no de la adicción.

La relación entre las adicciones y las "maldiciones" en la perspectiva cristiana

Es importante señalar que, en la visión cristiana, las "maldiciones hereditarias" no son necesariamente vistas como determinantes absolutos en la vida de una persona. Aunque algunas tradiciones interpretan las dificultades o los patrones de comportamiento de una familia como una repetición de los pecados de generaciones pasadas, el Nuevo Testamento enfatiza la redención y la liberación a través de Cristo. La verdad cristiana enseña que, en Cristo, todas las maldiciones son rotas (*cf.* Gál 3:13), lo que permite a los creyentes ser transformados y librados de patrones negativos, independientemente de los antecedentes familiares.

Además, la fe en Cristo proporciona la libertad de romper con el pasado y vivir una vida nueva. Así, aunque los antecedentes familiares puedan influir en la vida de una persona, no determinan su destino. Cada individuo tiene la capacidad de ser transformado y de tomar decisiones que afecten su vida y sus generaciones futuras, lo cual es una parte fundamental del evangelio de restauración y esperanza.

Si bien las malas influencias generacionales son una realidad observada tanto en la Biblia como en la ciencia, la visión cristiana no debe reducirse a una interpretación determinista de que las adicciones u otros problemas de vida son el resultado inevitable de una "maldición hereditaria". Más bien, el mensaje cristiano es que, a través de la obra de Cristo, hay libertad, redención y renovación. Aunque los factores genéticos pueden aumentar la susceptibilidad, la gracia de Dios tiene el poder de transformar y restaurar cualquier vida, independientemente de las circunstancias previas. Así, los cristianos no están condenados por los pecados de sus padres, sino que son llamados a vivir de acuerdo con la nueva identidad en Cristo, superando los patrones destructivos que puedan haberse transmitido en generaciones pasadas.

Por otro lado, los factores ambientales también son cruciales. Un entorno de estrés crónico, abuso emocional o físico, pobreza, o una falta de apoyo social puede aumentar el riesgo de desarrollar una adicción. Las experiencias de vida tempranas, como la exposición al abuso de sustancias en la familia, también pueden influir en la vulnerabilidad a la adicción más tarde en la vida.

El componente psicológico de la adicción

Desde un punto de vista psicológico, la adicción está fuertemente vinculada a la gestión emocional y al estrés. Las personas que luchan con adicciones a menudo tienen dificultades para manejar emociones negativas como la ansiedad, la depresión, la ira o el dolor emocional. En muchos casos, la sustancia o el comportamiento adictivo se utiliza como una forma de auto- medicación para aliviar estos sentimientos. Sin embargo, este alivio es temporal y, a largo plazo, solo refuerza la dependencia de la sustancia o el comportamiento.

La cognición distorsionada también juega un papel importante. Las personas adictas suelen tener creencias erróneas o distorsionadas sobre su capacidad de controlar el comportamiento adictivo, lo que hace que el ciclo de la adicción continúe. Estas creencias incluyen pensamientos como "solo una vez más no hará daño", "lo puedo dejar cuando quiera", o "no soy tan malo porque solo hago esto en secreto". Estas distorsiones cognoscitivas impiden que la persona reconozca la gravedad de su adicción y el impacto que está teniendo en su vida.

Adicción y comportamiento compulsivo

Además de las sustancias, las adicciones también pueden incluir comportamientos compulsivos, como el juego, las compras excesivas, la adicción al trabajo, la comida y la pornografía. Estos comportamientos compulsivos no están relacionados con una sustancia química específica, pero siguen el mismo patrón de búsqueda de recompensa y gratificación inmediata. La diferencia es que, en lugar de sustancias, son acciones repetitivas las que activan los centros de recompensa del cerebro.

Las adicciones conductuales también se asocian con la incapacidad de controlar el impulso de participar en el comportamiento adictivo, incluso cuando hay consecuencias negativas. La dopamina sigue siendo el principal neurotransmisor involucrado en la gratificación, y el mismo ciclo de tolerancia y dependencia puede ocurrir con estas conductas, al igual que ocurre con las adicciones a sustancias.

La adicción es una enfermedad compleja que afecta al cerebro y al comportamiento de una persona. A lo largo de un proceso que involucra la exposición inicial, la repetición, la tolerancia, la dependencia y la crisis, el cerebro sufre alteraciones profundas en sus sistemas de recompensa y autocontrol. Las causas de la adicción son múltiples, con factores biológicos, psicológicos y sociales que interactúan de manera compleja. Entender estos mecanismos es crucial para desarrollar estrategias efectivas de tratamiento y prevención, y para apoyar a aquellos que luchan contra la adicción en su camino hacia la recuperación.

41

Capítulo 2
¿Qué enseña la Biblia acerca de las adicciones?

Hemos abordado previamente el concepto de adicción y sus implicaciones desde un punto de vista científico, comprendiendo sus mecanismos cerebrales y los efectos que produce en la vida de quienes la padecen. Asimismo, hemos observado cómo ciertos principios de las Escrituras complementan estos hallazgos científicos, ofreciendo una perspectiva que aboga por la restauración y el autocontrol. En este capítulo, nos centraremos en dos de las adicciones más prevalentes en la sociedad actual y que están teniendo un impacto negativo particularmente en la vida espiritual de los creyentes: la adicción a las nuevas tecnologías y la adicción a la pornografía. Estas adicciones, que se han convertido en obstáculos significativos para el crecimiento espiritual, requieren una reflexión profunda sobre cómo afectan la relación con Dios, la vida comunitaria y el testimonio cristiano.

La Biblia no aborda específicamente el concepto moderno de "adicciones" tal como lo entendemos hoy, pero sí habla extensamente sobre temas relacionados con el autocontrol, los deseos y los vicios que pueden dominar la vida de una persona. A través de varios principios y enseñanzas, las Escrituras ofrecen una guía clara sobre cómo los creyentes deben manejar las cosas que pueden llegar a esclavizarlos y apartarlos de Dios.

El dominio propio y el autocontrol
Uno de los temas recurrentes en la Biblia es la importancia del dominio propio, un fruto del Espíritu que permite al creyente controlar sus impulsos y deseos. En Gálatas 5:22-

23, Pablo habla de los frutos del Espíritu Santo, y el autocontrol es uno de ellos:

> "Pero el fruto del Espíritu es amor, gozo, paz, paciencia, benignidad, bondad, fe, mansedumbre, templanza. Contra tales cosas no hay ley" (Gál 5:22-23).

El autocontrol es esencial en la lucha contra cualquier tipo de adicción, ya que permite a la persona resistir las tentaciones que pueden llegar a esclavizarla, ya sean físicas, emocionales o espirituales. La Biblia enseña que la fuerza para resistir proviene del Espíritu Santo, y es por medio de Él que podemos tener dominio sobre nuestros deseos.

Esclavitud a los deseos

La Biblia también enseña que cualquier cosa que domine nuestras vidas puede convertirse en una forma de esclavitud. En Romanos 6:16, Pablo señala que aquellos que se entregan al pecado se convierten en esclavos de él:

> "¿No sabéis que si os sometéis a alguien como esclavos para obedecerle, sois esclavos de aquel a quien obedecéis, ya sea del pecado para muerte, o de la obediencia para justicia?"

Esto se aplica perfectamente a las adicciones, ya que estas tienen el poder de esclavizar a la persona y apartarla de vivir según los principios divinos. En este sentido, la adicción es un tipo de "esclavitud moderna", que roba la libertad que Cristo vino a darnos.

La tentación y la lucha contra el pecado

La Biblia reconoce que las personas enfrentan tentaciones y luchas con deseos y pasiones que pueden llevarlas a la destrucción. 1 Corintios 10:13 nos recuerda que Dios no permitirá que seamos tentados más allá de lo que podemos soportar, y siempre proveerá una salida:

> "No os ha sobrevenido ninguna tentación que
> no sea humana; pero fiel es Dios, que no os de-
> jará ser tentados más de lo que podéis resistir;
> sino que dará también juntamente con la tenta-
> ción la salida, para que podáis soportarla".

Aunque las adicciones pueden parecer incontrolables, este ver- sículo nos muestra que hay esperanza y que podemos vencerlas a través del poder de Dios, quien siempre provee una salida.

La idolatría y los ídolos modernos

En la Biblia, la idolatría es uno de los pecados más condenados, y cualquier cosa que ocupe el lugar de Dios en el corazón de una persona puede convertirse en un "ídolo". Esto incluye no solo a los dioses falsos, sino también a cualquier cosa que nos aleje de nuestra relación con Dios. En Colosenses 3:5, Pablo hace un llamado a despojarse de todo lo que es "idolatría", incluyendo la codicia:

> "Haced morir, pues, lo terrenal en vosotros:
> fornicación, impureza, pasiones desordenadas,
> malos deseos y avaricia, que es idolatría".

Las adicciones pueden convertirse en una forma moderna de idolatría, ya que muchas veces la persona pone su esperanza, satisfacción y propósito en la sustancia o el comportamiento al que está atada, en lugar de en Dios.

El poder liberador de Cristo

Finalmente, la Biblia nos recuerda que, a través de Cristo, tenemos la capacidad de ser liberados de cualquier tipo de esclavitud, incluida la adicción. En Juan 8:36, Jesús declara:

> "Así que, si el Hijo os libertare, seréis ver-
> daderamente libres".

Cristo es el único que puede liberar a las personas de las cadenas de la adicción, restaurando tanto el cuerpo como el alma. Aunque la adicción pueda parecer una lucha constante, el poder redentor de Cristo ofrece una esperanza firme para la liberación total.

La importancia de la comunidad cristiana

La Biblia también habla de la importancia de la comunidad de creyentes en el proceso de restauración. En Gálatas 6:1-2, Pablo nos anima a ayudar a los demás a restaurarse cuando caen en pecado:

> "Hermanos, si alguno fuere sorprendido en alguna falta, vosotros que sois espirituales, restauradlo con espíritu de mansedumbre, mirándote a ti mismo, no sea que tú también seas tentado. Sobrellevad los unos las cargas de los otros, y cumplid así la ley de Cristo".

El apoyo mutuo en la iglesia es crucial en la lucha contra las adicciones, ya que la comunidad puede ofrecer consuelo, oración, y aliento para que los creyentes puedan salir adelante.

Aunque la palabra "adicción" no aparece explícitamente en la Biblia, los principios que se encuentran en las Escrituras son fundamentales para comprender cómo se debe abordar cualquier tipo de dependencia. La Biblia enseña que la adicción es una forma de esclavitud, que va en contra del dominio propio y el autocontrol que el Espíritu Santo nos otorga. Al reconocer la adicción como un ídolo moderno, los creyentes pueden buscar la liberación a través de Cristo, quien ofrece verdadera libertad. Además, la comunidad cristiana juega un papel esencial en la restauración y el acompañamiento espiritual en el proceso de sanación.

Definición de la adicción a las nuevas tecnologías

Creo que la adicción a la tecnología es una de las más sutiles, pero también de las más destructivas que existen. El diablo utiliza esta adicción con el propósito de desenfocar nuestra atención de lo más valioso que tenemos: Cristo. El tiempo, ese regalo tan precioso, se ve continuamente robado por las nuevas tecnologías. Nos distraen y nos alejan de lo que realmente importa, quitándonos momentos que podríamos dedicar a nuestra relación con Dios, a fortalecer nuestra vida espiritual o a compartir con nuestros seres queridos. Sin darnos cuenta, el tiempo se escapa entre nuestros dedos, desperdiciado en la superficialidad de pantallas y dispositivos, mientras que lo más significativo se va perdiendo poco a poco.

La adicción a las nuevas tecnologías es un fenómeno moderno que involucra el uso excesivo e incontrolado de dispositivos digitales, aplicaciones, redes sociales y plataformas de entretenimiento en línea. Esta adicción se caracteriza por la necesidad compulsiva de estar constantemente conectado, lo que afecta las actividades diarias, las relaciones personales y la salud mental y física de los individuos. La rápida expansión de internet, los teléfonos inteligentes, las redes sociales y otras tecnologías han transformado nuestras vidas, pero también han dado lugar a una serie de problemas relacionados con el uso excesivo de estas herramientas. La adicción a las nuevas tecnologías, también conocida como "adicción a internet" o "adicción a los dispositivos digitales", implica una dependencia patológica de la tecnología que interfiere en la vida cotidiana de una persona. Al igual que con otras adicciones, como las drogas o el alcohol, las personas afectadas por la adicción a las nuevas tecnologías sienten un impulso irresistible por usar estas herramientas, incluso cuando esto tiene consecuencias negativas.

Esta adicción no se refiere simplemente al uso frecuente de la tecnología, sino a la incapacidad de controlar el tiempo que se pasa frente a las pantallas, lo que provoca la negligencia de otras áreas importantes de la vida, como el trabajo, las relaciones familiares, el ejercicio físico o el bienestar emocional. El uso de la tecnología se convierte en una prioridad sobre otras actividades saludables, lo que puede llevar a una desconexión de la realidad y a un aislamiento social.

Las formas más comunes de adicción a la tecnología

Existen varias formas de adicción a las nuevas tecnologías, que pueden variar en su naturaleza y en los efectos que tienen en los individuos. Algunas de las más comunes incluyen:

Adicción a las redes sociales

Las plataformas como Facebook, Instagram, Twitter, TikTok y otras redes sociales están diseñadas para atraer y retener la atención de los usuarios a través de notificaciones constantes, interacciones sociales, "me gusta" y comentarios. Estos estímulos positivos provocan la liberación de dopamina en el cerebro, lo que genera sensaciones de recompensa y placer. Esta retroalimentación positiva refuerza el comportamiento, llevando a las personas a pasar horas frente a las pantallas, buscando validación y conexión.

El problema radica en que las personas pueden sentirse atrapadas en la constante necesidad de estar al tanto de las actualizaciones, lo que lleva a un ciclo de revisión compulsiva. Esto puede afectar las relaciones personales, ya que el tiempo dedicado a las interacciones virtuales reemplaza el tiempo que podría emplearse en relaciones cara a cara.

La adicción a las redes sociales es una de las formas más insidiosas de distracción en la vida moderna, especialmente entre los cristianos. Si bien la tecnología en sí no es mala, su uso excesivo y descontrolado puede robar lo más valioso que tenemos: nuestro tiempo y nuestra atención, que deberían estar dedicados a Dios y a nuestras relaciones más profundas. En el contexto espiritual, las redes sociales no solo funcionan como una fuente constante de distracción, sino que también pueden desviar nuestra mente de las cosas celestiales, enfocándonos en la superficialidad y en lo mundano.

El tiempo que pasamos en las redes sociales, deslizando entre publicaciones, viendo videos o participando en interacciones virtuales, podría ser mejor invertido en la oración, la meditación de la palabra de Dios o el servicio a los demás. Estas plataformas, diseñadas para captar nuestra atención de manera interminable, nos alejan de momentos de reflexión y comunión con Dios. Como resultado, el crecimiento espiritual se ve frenado, porque nuestra mente y corazón se llenan de ruido y de pensamientos efímeros, en lugar de ser renovados por la paz y la dirección que solo el Espíritu Santo puede brindar.

Uno de los problemas más grandes es que muchos cristianos ni siquiera reconocen que tienen una adicción a las redes sociales. La mayoría no lo ve como un obstáculo para su vida espiritual, porque, a menudo, usan estas plataformas para actividades aparentemente inocentes como compartir versículos o mensajes cristianos. Sin embargo, esto puede ser solo una fachada, detrás de la cual se esconde una constante búsqueda de validación, comparación o, peor aún, una adicción a la aprobación instantánea que estas plataformas fomentan. A medida que nos vemos cada vez más atrapados en la necesidad de obtener "me gusta" o comentarios, nos alejamos del propósito más profundo de nuestra vida cristiana: agradar a Dios, no a los hombres.

La adicción a las redes sociales puede crear una desconexión espiritual significativa, ya que reemplaza la quietud y la disciplina necesarias para crecer en nuestra fe. La oración se convierte en algo secundario, y la lectura de la Biblia se ve interrumpida por el flujo constante de información y entretenimiento. El resultado es un estancamiento en nuestra vida espiritual, que afecta no solo nuestra relación con Dios, sino también nuestra capacidad de servir a los demás y ser un testimonio verdadero en este mundo.

Es crucial que como cristianos seamos conscientes de este peligro. Necesitamos evaluar honestamente nuestras vidas y preguntarnos: ¿están las redes sociales controlando nuestro tiempo de manera que nos aleja de lo eterno? ¿Estamos sacrificando nuestra relación con Dios y con nuestros seres queridos por la gratificación momentánea que las redes sociales nos ofrecen? La adicción a estas plataformas no se ve como un problema inmediato, pero sus efectos a largo plazo en nuestra vida espiritual son profundos. Solo reconociendo el problema podremos tomar los pasos necesarios para restaurar el equilibrio y centrarnos de nuevo en lo que verdaderamente importa: nuestra relación con Cristo y el crecimiento en Su voluntad.

Adicción a los videojuegos

Los videojuegos son otra forma común de adicción a la tecnología. Muchos juegos están diseñados para ser altamente envolventes, ofreciendo recompensas, niveles que alcanzar y un entorno social dentro del juego. Estos elementos de recompensa, junto con el sentido de logro que brindan, pueden hacer que las personas se sientan inmersas en el mundo virtual, perdiendo la noción del tiempo y de la realidad. Los videojuegos pueden generar una necesidad de continuar jugando durante horas, lo que afecta el trabajo, el estudio y las relaciones personales.

En casos extremos, la adicción a los videojuegos puede conducir a trastornos mentales como la depresión, la ansiedad y el aislamiento social, ya que los jugadores a menudo priorizan el juego por encima de otras responsabilidades.

La adicción a los videojuegos es un problema que, aunque a menudo pasa desapercibido, tiene efectos profundos en la vida de los jóvenes, afectando no solo su bienestar físico y emocional, sino también su crecimiento espiritual. Esta adicción, al igual que otras formas de dependencia, puede desviar la atención y la energía de las personas, llevándolas a enfocarse en mundos virtuales en lugar de en su vida real y en su relación con Dios. En este contexto, los padres juegan un papel crucial. Muchas veces, ellos son los que, consciente o inconscientemente, permiten que sus hijos se involucren en estos mundos de manera excesiva, y esto tiene implicaciones serias.

Los videojuegos están diseñados para ser adictivos. Utilizan técnicas que enganchan a los jugadores y los mantienen pega- dos a la pantalla, a menudo durante horas. Para los jóvenes, esto puede significar perderse en un mundo de fantasía, donde la gratificación es instantánea, pero la vida real, incluida la relación con la familia y Dios, se ve postergada. Cuando los niños y adolescentes pasan largos períodos frente a la consola, están sacrificando tiempo valioso que podría ser utilizado para aprender, crecer y desarrollarse en su fe cristiana.

El papel de los padres es fundamental en este escenario

En primer lugar, los padres son los responsables de poner límites saludables en el uso de la tecnología. La adicción a los videojuegos no ocurre de la noche a la mañana; generalmente, comienza con un acceso sin restricciones o con un control insuficiente por parte de los adultos. Cuando los padres permiten que sus hijos jueguen durante horas sin supervisión ni límites, están facilitando el camino hacia la adicción. Además, cuando los videojuegos se convierten en la actividad central de la vida de un joven, las relaciones familiares, el desarrollo emocional y el crecimiento espiritual comienzan a verse afectados.

Los padres deben ser conscientes de los efectos perjudiciales que la adicción a los videojuegos puede tener sobre la vida espiritual de sus hijos. Los videojuegos no solo consumen tiempo, sino que también pueden llenar la mente de los jóvenes con valores y prioridades contrarias a los principios cristianos. Muchas veces, estos juegos están llenos de violencia, conflictos morales, y temáticas que promueven la avaricia, la competencia desmedida, y la falta de empatía. Esto no solo afecta el comportamiento de los jóvenes, sino también su capacidad de concentrarse en temas más profundos, como la oración, la reflexión sobre las Escrituras o el servicio a los demás.

El impacto en el crecimiento espiritual de los jóvenes es significativo

Los videojuegos pueden convertirse en una forma de escapatoria, un refugio que les impide enfrentar sus verdaderos problemas emocionales o espirituales. Esto dificulta que los jóvenes desarrollen una relación íntima con Dios, ya que el tiempo que deberían dedicar al estudio de la Biblia, la oración o la adoración se ve opacado por la constante estimulación que los videojuegos ofrecen. A largo plazo, esto puede resultar en una desconexión espiritual, que impide que los jóvenes crezcan y maduren en su fe cristiana.

Los padres, como guías espirituales y modelos a seguir, deben enseñar a sus hijos la importancia del equilibrio. Es fundamental que no solo pongan límites en el uso de la tecnología, sino que también fomenten actividades que nutran el alma y el espíritu, como asistir a la iglesia, participar en estudios bíblicos en familia, y realizar actividades recreativas que promuevan la interacción real con los demás. Los padres deben involucrarse activamente en la vida espiritual de sus hijos, no solo prohibiendo los videojuegos, sino mostrando cómo llevar una vida equilibrada, centrada en Cristo.

El ejemplo de los padres es esencial. Si los padres están igualmente absortos en sus propios dispositivos o en el consumo de medios que no fomentan la espiritualidad, es poco probable que sus hijos sigan una vida cristiana activa. Los jóvenes imitan lo que ven en casa, por lo que si los padres no priorizan el tiempo con Dios y la familia, difícilmente podrán inculcar estos valores en sus hijos. Por lo tanto, los padres tienen la responsabilidad de enseñar a sus hijos a usar la tecnología de manera responsable, asegurándose de que no se convierta en una idolatría o en un obstáculo para el crecimiento espiritual.

En resumen, la adicción a los videojuegos es una realidad que afecta profundamente a la vida espiritual de los jóvenes. Los padres deben ser conscientes de la influencia que tienen sobre sus hijos y ser proactivos en establecer límites, guiar su uso responsable de la tecnología, y fomentar un ambiente familiar donde el crecimiento espiritual sea una prioridad. Solo así podrán ayudar a sus hijos a evitar que esta adicción interfiera con su relación con Dios y con los demás.

Adicción al smartphone y a las aplicaciones móviles

El teléfono móvil se ha convertido en una herramienta imprescindible en la vida diaria, pero su uso excesivo puede convertirse en una adicción. Las aplicaciones de mensajería, redes sociales, juegos y notificaciones continuas hacen que las personas estén constantemente revisando sus teléfonos, lo que interfiere con la productividad, el sueño y las relaciones personales. Además, el uso constante de smartphones puede desencadenar una sensación de ansiedad cuando no se tiene acceso inmediato a la tecnología.

La adicción al smartphone y a las aplicaciones móviles es una de las formas de dependencia más prevalentes en la era digital. El acceso constante a redes sociales, mensajes, juegos, y otros contenidos a través de las aplicaciones puede crear un ciclo de dependencia que afecta tanto la vida cotidiana como la vida espiritual de las personas. En este contexto, el uso excesivo de smartphones no solo tiene consecuencias en términos de productividad y relaciones interpersonales, sino que también puede poner en peligro el crecimiento espiritual, desviando a las personas de sus prioridades más profundas.

Efectos en la vida cotidiana

El smartphone ha transformado la vida diaria, tanto en aspectos positivos como negativos. En el lado positivo, estos dispositivos nos permiten estar conectados, informados y organizados. Sin embargo, cuando su uso se vuelve excesivo o compulsivo, el smartphone puede convertirse en una fuente de distracción constante, afectando la capacidad de concentración y reduciendo la productividad. Aquí hay algunas maneras en que esto impacta la vida cotidiana:

Disminución de la productividad

Las personas que pasan mucho tiempo revisando sus teléfonos móviles pueden experimentar una disminución en su capacidad para realizar tareas importantes. La notificación constante de mensajes y actualizaciones interrumpe el flujo de trabajo, generando distracciones y disminuyendo la eficiencia en el trabajo o en los estudios. Esta distracción constante puede llevar a la procrastinación, ya que las personas se sienten más atraídas por el contenido inmediato del teléfono que por completar tareas esenciales.

Impacto en las relaciones interpersonales

La adicción al smartphone puede afectar la calidad de las relaciones personales. Las interacciones cara a cara se ven sustituidas por conversaciones en línea, y las personas pueden volverse más centradas en su dispositivo que en las personas con las que están. Este fenómeno ha dado lugar a lo que muchos llaman "soledad conectada", donde las personas están constantemente conectadas a través de sus dispositivos, pero carecen de conexiones significativas y profundas en la vida real.

Reducción del tiempo para actividades importantes

Con el uso excesivo del smartphone, las personas tienden a sacrificar otras actividades que deberían ser prioritarias en su vida, como el ejercicio físico, los pasatiempos saludables, o incluso el tiempo dedicado a la familia y amigos. Lo que podría ser tiempo productivo o de descanso se convierte en horas gastadas en navegar por aplicaciones, ver videos o interactuar en redes sociales.

Efectos en la vida espiritual y el crecimiento espiritual

El impacto de la adicción al smartphone en la vida espiritual puede ser aún más insidioso, ya que muchas veces este tipo de dependencia pasa desapercibida. Si bien la tecnología en sí misma no es inherentemente mala, el uso excesivo puede desviar a las personas de las prácticas espirituales y dificultar su relación con Dios.

A continuación, se explican algunos de los efectos en la vida espiritual:

- **Desconexión de la vida de oración:** Una de las principales consecuencias de la adicción al smartphone es la interrupción de los momentos de oración. El constante flujo de notificaciones puede impedir que las personas se concentren en la oración, especialmente en momentos importantes del día, como al despertar, al meditar antes de dormir, o al leer las Escrituras. Esta falta de concentración puede llevar a una disminución en la profundidad de la vida de oración, afectando la relación personal con Dios.

- **Distracción espiritual:** Las aplicaciones móviles, especialmente las redes sociales y las noticias, están llenas de estímulos visuales y emocionales que pueden ocupar la mente de una persona de manera constante. Estos estímulos, aunque no necesariamente negativos en su contenido, pueden desviar la atención de las cosas espirituales. En lugar de meditar sobre las enseñanzas bíblicas o reflexionar sobre la voluntad de Dios en sus vidas, las personas pasan horas navegando por sus dispositivos, lo que reduce el tiempo disponible para la reflexión espiritual.

- **Pérdida de propósito y sentido:** En algunos casos, la adicción al smartphone puede llevar a las personas a sentir que su vida carece de un propósito más profundo. Las redes sociales, en particular, fomentan una cultura de comparación constante, donde las personas pueden sentirse inadecuadas, inseguras o insatisfechas con su vida. En lugar de encontrar satisfacción en su identidad en Cristo, pueden buscar validación en la aprobación externa o en la acumulación de "me gusta" y seguidores. Esta búsqueda constante de reconocimiento puede desplazar el verdadero sentido de la vida espiritual.

- Falta de tiempo para el estudio de la Biblia: El smartphone, al ser una fuente constante de entretenimiento e información, reduce el tiempo que una persona podría dedicar a la lectura y estudio de las Escrituras. Aunque existen apli- caciones bíblicas y recursos digitales que pueden ser útiles, el exceso de tiempo en el teléfono puede hacer que se descuiden las disciplinas espirituales más profundas, como la lectura reflexiva de la Biblia y la meditación. Esto impide el crecimiento en la fe y en el entendimiento de los principios espirituales.

- Falta de servicio y comunión: La vida cristiana no solo se centra en la relación personal con Dios, sino también en la comunión con otros creyentes y en el servicio a los demás. La adicción al smartphone puede llevar a una persona a volverse más centrada en su mundo virtual que en la comunidad real de la iglesia o en las necesidades de los demás. Esto limita la oportunidad de servir, evangelizar y construir relaciones significativas en la fe. La interacción digital no puede reemplazar la conexión auténtica que se experimenta en la comunión y el trabajo en conjunto con otros hermanos y hermanas en Cristo.

La adicción al smartphone y a las aplicaciones móviles no es solo un problema de distracción o procrastinación; también tiene efectos profundos en la vida espiritual de las personas. En un mundo saturado de tecnología, es vital que los cristianos reconozcan cómo estos dispositivos pueden desviar la atención de lo que realmente importa: su relación con Dios, el crecimiento espiritual y el servicio a los demás. Para combatir esta adicción, es fundamental establecer límites en el uso del smartphone, priorizar el tiempo de oración y meditación, y buscar intencionadamente el equilibrio entre el mundo digital y las prácticas espirituales que fomentan una vida más cercana a Dios. La clave está en recordar que el tiempo es un regalo precioso, y como cristianos, debemos invertir ese tiempo en lo que realmente fortalece nuestra fe y nos acerca al propósito que Dios tiene para nuestras vidas.

Es interesante observar cómo la tecnología, que originalmente fue diseñada para conectar a las personas, ha comenzado a desvirtuar las interacciones en relaciones cercanas, especial- mente en el contexto matrimonial. El caso que mencionas, donde una pareja se comunica a través de mensajes de WhatsApp o llamadas, incluso estando en la misma casa, refleja una desconexión que va más allá de la distancia física y entra en un terreno de desinterés emocional y comunicación superficial.

La desconexión emocional y el debilitamiento de la relación

La esencia de un matrimonio no solo se basa en compartir el mismo espacio físico, sino en la comunicación, la conexión emocional y el fortalecimiento de los lazos a través de inter- acciones genuinas. Cuando una pareja comienza a recurrir a mensajes o llamadas, incluso estando en la misma casa, se está creando una brecha en la interacción que afecta la calidad de la relación. En lugar de compartir experiencias, emociones y pensamientos en tiempo real, las conversaciones se vuelven fragmentadas, impersonales y a menudo sin profundidad.

Este tipo de comunicación superficial es una de las primeras señales de que la relación está sufriendo. En lugar de compartir momentos juntos, como mirar una película, tener una conversación cara a cara o incluso simplemente disfrutar de un rato en silencio, la tecnología se convierte en una barrera, no en un puente. En el ejemplo del esposo jugando al FIFA y la esposa enviando mensajes, podemos ver cómo la dinámica de la relación se ve influenciada por los hábitos tecnológicos. Este comportamiento puede indicar que los dos están más concentrados en sus respectivos mundos virtuales que en interactuar y fortalecer su vínculo real.

La tecnología como una distracción que crea vacío emocional

El uso excesivo de dispositivos tecnológicos en el hogar también puede ser un mecanismo de evasión. Muchas veces, las personas recurren a los videojuegos, las redes sociales o las aplicaciones de mensajería como una forma de escapar de las conversaciones difíciles, las tensiones no resueltas o simplemente del desgaste emocional que puede acumularse en la relación. Cuando el esposo se refugia en un videojuego, como el FIFA, y la esposa se comunica con él a través de mensajes en lugar de enfrentarse directamente a la situación, ambos están eludiendo las oportunidades de conexión real.

Este distanciamiento gradual, aunque en principio puede parecer inofensivo, se convierte en una grieta emocional profunda. La falta de conversaciones significativas, de tiempo jun- tos en un espacio compartido, y de la habilidad de enfrentarse a los conflictos cara a cara, puede llevar a una desconexión emocional que, con el tiempo, se vuelve irreversible. En muchos casos, este vacío emocional se va acumulando, y cuando una de las partes finalmente trata de abordar la situación, el otro ya no está disponible emocionalmente para involucrarse, ya que la conexión se ha ido debilitando.

El impacto de la tecnología en la intimidad y la confianza

La intimidad, tanto emocional como física, es uno de los pilares fundamentales de un matrimonio. La intimidad se construye a través de momentos compartidos, de miradas, de caricias y de conversaciones profundas que revelan los sentimientos, miedos, deseos y vulnerabilidades. Sin embargo, cuando las parejas dependen de la tecnología para comunicarse incluso en la misma casa, la intimidad se ve gravemente afectada. El uso constante de dispositivos móviles genera una barrera que dificulta el contacto físico y emocional genuino. La pareja comienza a ver la tecnología como el medio a través del cual se relacionan, y esto sustituye a la interacción cara a cara.

Además, el uso de plataformas como WhatsApp o llamadas telefónicas dentro del mismo hogar puede también generar desconfianza. La falta de contacto directo y la preferencia por la comunicación virtual pueden llevar a malentendidos, interpretaciones erróneas y sospechas sobre lo que está ocurriendo en el entorno digital del otro. La confianza, que es la base de toda relación saludable, comienza a erosionarse lentamente cuando las conversaciones importantes se hacen a través de una pantalla en lugar de compartirse de forma directa.

La rutina y el abandono de los valores fundamentales

El ciclo de comunicación superficial a través de mensajes puede llegar a ser tan habitual que las parejas pierden de vista lo que verdaderamente es importante: compartir tiempo de calidad, fomentar el respeto mutuo, tener conversaciones sinceras y construir recuerdos juntos. Cuando la rutina digital reemplaza las interacciones físicas y emocionales, los valores fundamentales del matrimonio se ven comprometidos. Las parejas dejan de invertir tiempo y esfuerzo en la relación, porque están demasiado inmersos en la tecnología que, si bien ofrece comodidad, no puede sustituir la riqueza de una relación sólida y genuina.

El peligro de la desconexión progresiva

Lo más alarmante de este fenómeno es que muchas parejas no se dan cuenta de la gravedad del problema hasta que es demasiado tarde. La desconexión no ocurre de inmediato; es un proceso progresivo. Al principio, puede parecer una forma inofensiva de mantenerse "ocupados" mientras están en la misma casa. Sin embargo, con el tiempo, este comportamiento erosiona la conexión emocional, crea distancia y puede llevar a uno o ambos miembros de la pareja a sentir que la relación ya no satisface sus necesidades emocionales. Esto puede culminar en una ruptura, ya sea física o emocional, porque la falta de comunicación y de interacción genuina ha dejado de fortalecer el vínculo.

El papel de los padres y el ejemplo que dan

Este fenómeno también puede extenderse a las familias con hijos, donde los padres, al estar más enfocados en sus teléfonos que en interactuar entre sí o con los niños, transmiten a las nuevas generaciones una idea errónea de lo que significa una relación saludable. Los niños observan cómo los padres interactúan entre sí a través de pantallas y, sin darse cuenta, replican ese comportamiento. La falta de un modelo de comunicación abierta, respetuosa y directa entre los padres puede perpetuar el ciclo de desconexión, no solo dentro del matrimonio, sino también en las relaciones familiares en general.

La adicción a la tecnología, especialmente cuando se traduce en la comunicación a través de dispositivos en lugar de inter- acciones cara a cara, es una de las formas más insidiosas de disolución de un matrimonio. Si no se aborda a tiempo, puede llevar a la pérdida de la conexión emocional, a la disminución de la intimidad y, en última instancia, a la ruptura de la relación. Las parejas deben reconocer que el tiempo juntos, la comunicación directa y el respeto por el otro son esenciales para mantener un matrimonio saludable y fuerte. Es fundamental establecer límites claros en el uso de la tecnología y hacer un esfuerzo consciente por pasar tiempo de calidad juntos, fuera del ámbito digital, para asegurar que la relación se mantenga viva y significativa.

Adicción al consumo de contenido (videos, noticias, blogs, etc.)

El acceso constante a contenido digital, ya sea a través de YouTube, Netflix, o incluso noticias y blogs, puede llevar a una sobrecarga de información. La necesidad de consumir cada vez más contenido para satisfacer una sed insaciable de novedad o entretenimiento se convierte en una forma de escapismo. Las personas que desarrollan esta adicción suelen buscar videos, artículos o series interminables, lo que puede afectar su bienestar emocional y físico, al restar tiempo para otras actividades más saludables y productivas.

La adicción al consumo de contenido ya sea a través de videos, noticias, blogs, redes sociales, o cualquier otra plataforma digital se ha convertido en una de las formas más insidiosas de distracción en la vida moderna. Si bien el acceso a la información es fundamental para el desarrollo personal y profesional, el consumo excesivo de contenido puede tener efectos profundamente negativos en la vida cristiana. Este comportamiento puede afectar tanto nuestra relación con Dios como nuestra capacidad de vivir de acuerdo con los principios cristianos, que enfatizan la reflexión, la oración y el cuidado de las relaciones interpersonales y familiares.

Distracción de la comunión con Dios

Uno de los efectos más perniciosos de la adicción al consumo de contenido es la distracción de la comunión diaria con Dios. En la vida cristiana, la oración, la lectura de la Biblia y la meditación en la palabra de Dios son prácticas esenciales para fortalecer la relación con Él. Sin embargo, cuando una persona se ve atrapada en el ciclo constante de consumir contenido, ya sea en forma de noticias sensacionalistas, videos de entretenimiento o blogs, el tiempo destinado a estas actividades espirituales se reduce drásticamente. La sobreexposición a contenidos ajenos a la fe puede hacer que la mente esté constantemente ocupada en temas superficiales, dejando poco espacio para la reflexión profunda sobre la palabra de Dios.

La mente cristiana necesita ser renovada y alimentada con el pensamiento de lo divino. La Biblia nos exhorta a "poner nuestra mente en las cosas de arriba" (*cf.* Col 3:2), pero el consumo excesivo de contenidos mundanos distrae nuestra atención de lo eterno y nos mantiene atrapados en lo temporal. El mundo ofrece una avalancha de información que, aunque muchas veces no sea dañina en su superficie, puede ser irrelevante, frívola o incluso perjudicial si no se maneja con discernimiento. En lugar de invertir tiempo en alimentar el espíritu, las personas atrapadas en esta adicción terminan enfocados en el entretenimiento sin propósito o en la acumulación de conocimiento que no tiene un impacto espiritual significativo.

Desconexión de la realidad espiritual

Otro aspecto negativo de la adicción al contenido es la desconexión de la realidad espiritual. Cuando una persona se dedica a consumir sin cesar contenido sobre noticias, entretenimiento o incluso información secular que distorsiona los valores cristianos, su percepción de la vida cristiana puede volverse desnaturalizada. Las prioridades del Reino de Dios, como la búsqueda de justicia, la misericordia y la vida en comunidad, se desdibujan frente a las demandas de estar "al tanto" de todo lo que sucede en el mundo, ya sea a nivel global o personal.

Además, muchas veces el contenido consumido refuerza val- ores ajenos a la fe cristiana, como el egoísmo, el materialismo y el placer mundano. La saturación de este tipo de contenidos puede hacer que una persona pierda de vista la importancia de la humildad, la generosidad y el amor al prójimo. La vida cristiana llama a ser sal de la tierra y luz del mundo (*cf.* Mt 5:13-16), pero el consumo de contenido superficial o incluso negativo puede desorientar al cristiano, haciendo que se pierda el propósito de vivir de acuerdo con los principios del evangelio.

Impacto en las relaciones interpersonales

Una consecuencia más directa de la adicción al consumo de contenido es su impacto en las relaciones interpersonales. Si una persona pasa horas al día consumiendo videos, leyendo blogs o mirando noticias, especialmente si estas actividades son realizadas en soledad, puede llevar a una desconexión emocional con los demás. En el contexto cristiano, las relaciones son fundamentales para el crecimiento espiritual. La iglesia no es solo un lugar de adoración, sino también una comunidad donde los creyentes se edifican mutuamente, oran unos por otros y son responsables en el cuidado de sus almas.

Cuando una persona se concentra más en consumir contenido digital que en construir relaciones auténticas con otros cristianos, su vida de comunidad se ve gravemente afectada. La Biblia exhorta a los creyentes a "no dejar de congregarse" (*cf.* Heb 10:25) y a estar en constante comunión. Esta unión no solo ocurre en las reuniones de iglesia, sino también en los tiempos compartidos con hermanos y hermanas en la fe. La adicción al contenido digital reduce el tiempo de calidad que uno podría dedicar a estas relaciones importantes, lo que puede resultar en un enfriamiento espiritual y emocional.

Pérdida de propósito y misión

La vida cristiana está dirigida por un propósito y misión claros, los cuales se centran en vivir para glorificar a Dios y llevar el evangelio al mundo. El consumo constante de contenido puede desviar la atención de este propósito divino. En lugar de enfocarse en cómo ser un instrumento de paz, amor y justicia en el mundo, la persona atrapada en esta adicción puede comenzar a ver la vida solo a través del lente del entretenimiento o la ansiedad por estar informado. En lugar de hacer la voluntad de Dios y cumplir con la misión que nos ha sido encomendada, el consumo excesivo de contenido puede fomentar un enfoque egocéntrico, centrado en la acumulación de información personal sin ningún propósito divino.

Efecto sobre la paz mental y la ansiedad

El consumo continuo de contenido, particularmente de noticias, especialmente aquellas que son alarmantes o negativas, puede generar un nivel alto de ansiedad y preocupación. En una era donde las noticias sensacionalistas predominan, el cristiano puede verse atrapado en una espiral de inquietud. Jesús nos llama a "no preocuparnos por el mañana" (*cf.* Mt 6:34), pero el bombardeo constante de malas noticias puede generar una mentalidad ansiosa, inquieta y desconectada de la paz que Cristo ofrece. El consumo continuo de contenido negativo puede robar esa paz que proviene de confiar en Dios y descansar en Su soberanía.

La adicción al consumo de contenido puede ser una trampa silenciosa para los cristianos, ya que desvía nuestra atención de las cosas espirituales y nos sumerge en un ciclo de distracción y superficialidad. Para un cristiano, es esencial encontrar el equilibrio entre el acceso a la información y la dedicación al crecimiento espiritual. Es necesario aprender a priorizar lo que realmente edifica el alma: la palabra de Dios, la oración, el tiempo de calidad con otros creyentes y, por supuesto, el servicio al prójimo. De lo contrario, corremos el riesgo de perder de vista nuestra misión y de permitir que el consumo de contenido nos robe el tiempo valioso que podríamos dedicar a lo que realmente importa en la vida cristiana.

Los efectos negativos de la adicción a las nuevas tecnologías

La adicción a la tecnología tiene una serie de consecuencias negativas tanto a nivel físico como psicológico:

Impacto en la salud mental

Las personas que sufren de adicción a la tecnología pueden experimentar niveles elevados de estrés, ansiedad, y depresión. La constante exposición a las redes sociales, por ejemplo, puede generar una sensación de inseguridad o insatisfacción con la propia vida, ya que las personas tienden a comparar su vida real con las imágenes idealizadas que ven en línea. Además, la sobreexposición a la tecnología, especialmente a los videojuegos o a la "información constante", puede desensibilizar a las personas, reduciendo su capacidad para experimentar placer en actividades no tecnológicas.

Impacto en las relaciones interpersonales

El tiempo excesivo frente a las pantallas puede reducir el tiempo dedicado a las relaciones cara a cara, lo que puede llevar al aislamiento social y a la desconexión emocional. Las personas pueden sentirse más cómodas interactuando en línea, lo que deteriora su habilidad para comunicarse efectivamente en la vida real. Las relaciones familiares y de pareja también pueden verse afectadas, ya que el uso constante de dispositivos digitales puede convertirse en una barrera entre los miembros de la familia.

Deterioro físico

El uso prolongado de dispositivos tecnológicos puede tener consecuencias físicas significativas. El "estrés digital" o el "síndrome del túnel carpiano" son comunes entre aquellos que pasan largas horas frente a la pantalla. Además, el sedentarismo asociado con el uso excesivo de la tecnología, como jugar video- juegos o navegar por internet, puede contribuir a problemas de salud como la obesidad, problemas cardíacos y de postura.

Reducción en la productividad

La constante distracción de las notificaciones y la tentación de revisar las redes sociales puede afectar la concentración y la eficiencia en tareas importantes. Ya sea en el ámbito laboral o académico, la adicción a la tecnología puede llevar a una disminución de la productividad, ya que las personas pierden tiempo en actividades poco relevantes o distracciones.

El ciclo de recompensa y la adicción a la tecnología

Al igual que con otras adicciones, la adicción a las nuevas tecnologías está relacionada con el sistema de recompensa del cerebro. El uso constante de la tecnología activa la liberación de dopamina, el neurotransmisor asociado con el placer y la recompensa. Cada vez que una persona recibe una notificación, un "me gusta", o alcanza un nuevo nivel en un juego, se libera dopamina, lo que refuerza la necesidad de seguir buscando esa gratificación instantánea. Este ciclo de recompensa puede volverse adictivo, creando un hábito que es difícil de romper, ya que el cerebro busca de manera constante esa sensación de placer.

Estrategias para superar la adicción a la tecnología

Superar la adicción a la tecnología desde un punto de vista cristiano implica no solo abordar los aspectos prácticos del uso de la tecnología, sino también comprender la importancia de nuestra relación con Dios y con los demás, tal como se nos enseña en la Biblia. La tecnología, en sí misma, no es mala; sin embargo, su uso puede desviar nuestra atención de lo más importante: nuestra comunión con Dios, la edificación de nuestra vida espiritual y nuestras relaciones interpersonales. A continuación, se presentan estrategias para superar la adicción a la tecnología con un enfoque cristiano.

Establecer prioridades espirituales y buscar el Reino de Dios primero

La primera y más importante estrategia es poner a Dios y Su reino por encima de todo. Jesús nos enseñó a través de las Escrituras que debemos buscar primero el reino de Dios y Su justicia, y las demás cosas vendrán por añadidura (*cf.* Mt 6:33). Esto significa que el uso de la tecnología debe ser subyugado a nuestra relación con Dios y a las necesidades espirituales. La tecnología no debe ocupar el lugar de nuestra devoción a Dios, la oración, la meditación en Su palabra o la adoración.

Aplicación práctica

Dedica tiempos específicos para orar y leer la Biblia, sin distracciones de dispositivos. Usa aplicaciones o métodos que bloqueen notificaciones durante estos tiempos.

Haz un inventario de tus prioridades diarias y ajusta tu tiempo para asegurarte de que lo que más importa (tu relación con Dios, tu familia y comunidad cristiana) sea lo primero.

Desarrollar el autocontrol y la disciplina

La Biblia nos llama a vivir con autocontrol y disciplina. En 1 Corintios 9:27, el apóstol Pablo dice:

> "Pero yo golpeo mi cuerpo y lo pongo en servidumbre, no sea que habiendo sido heraldo para otros, yo mismo venga a ser reprobado".

Este pasaje nos recuerda que el autocontrol es una parte esencial de la vida cristiana. En el contexto de la tecnología, esto significa controlar el tiempo que pasamos en dispositivos electrónicos y ser conscientes de cómo estos afectan nuestra vida espiritual.

Aplicación práctica

Usa herramientas como temporizadores, aplicaciones de con- trol de tiempo o filtros de contenido para limitar el uso de las redes sociales, los videojuegos o el consumo de contenido en línea.

Establece horarios específicos para revisar el correo electrónico o las redes sociales, y cúmplelos sin desviarte. Evita el "deslizamiento" interminable por las redes.

Desconectar regularmente para renovar la mente y el espíritu

El descanso y la desconexión son fundamentales para nuestra salud física, emocional y espiritual. En la creación, Dios estableció el principio del descanso en el día de reposo (*cf.* Éx 20:8-10), lo que demuestra la importancia de descansar de las actividades cotidianas, incluida la tecnología. Tomar un descanso del uso constante de dispositivos electrónicos puede ser crucial para restaurar nuestra paz mental y espiritual.

Aplicación práctica

Dedica un día a la semana o tiempos determinados en tu día a desconectarte completamente de las pantallas (esto puede ser un "día de descanso digital"). Usa este tiempo para leer la Biblia, orar, pasar tiempo con la familia o disfrutar de actividades al aire libre.

Durante los momentos de descanso, busca momentos para estar a solas con Dios en oración y meditación. Esto te ayudará a reconectar con Él y a renovar tu espíritu.

Establecer límites en las relaciones digitales

La tecnología, especialmente las redes sociales, puede crear la ilusión de conexiones profundas, pero a menudo esas interacciones son superficiales y no proporcionan el apoyo genuino y la edificación que necesitamos en nuestra vida cristiana. Es importante establecer límites en cómo usamos la tecnología para comunicarnos con los demás, de manera que no sustituya la interacción cara a cara, que es esencial para el crecimiento en comunidad.

Aplicación práctica

Limita el uso de las redes sociales y el teléfono móvil a interacciones significativas y edificantes. Considera usar la tecnología para fomentar relaciones saludables, como unirse a grupos de oración en línea o compartir recursos cristianos.

Fomenta interacciones cara a cara, ya que la comunidad cristiana se edifica en la cercanía y el compartir genuino. Hebreos 10:25 nos exhorta a no dejar de congregarnos, sino a animarnos unos a otros.

Redefinir el propósito del uso de la tecnología

Es importante tener una intención clara y edificante al utilizar la tecnología. En lugar de usarla solo para entretenimiento sin fin o distracción, debemos aprender a usarla para el avance del Reino de Dios, para nuestra edificación personal y para servir a los demás. La tecnología puede ser una herramienta poderosa para la evangelización, el aprendizaje bíblico y la conexión con la iglesia.

Aplicación práctica

Usa la tecnología de manera intencional: escucha sermones, estudia la Biblia a través de aplicaciones cristianas, participa en grupos de oración en línea o utiliza el internet para aprender más sobre temas que profundicen tu vida espiritual.

Evita el consumo pasivo de contenido que no edifique, y en su lugar busca consumir material que te acerque más a Dios y que te ayude a crecer como discípulo.

Rendir a Dios nuestro uso de la tecnología

Como en todo, debemos entregar a Dios el uso de nuestra tecnología, confiando en que Él nos guiará a usarla de manera sabia. En 1 Corintios 10:31, Pablo nos recuerda:

> "Así que, ya sea que comáis o bebáis, o que hagáis cualquier otra cosa, hacedlo todo para la gloria de Dios".

Esto incluye el uso de la tecnología. Cuando rendimos nuestros dispositivos y actividades digitales a Dios, permitimos que Él los transforme y los utilice para Su gloria.

Aplicación práctica

Ora antes de usar cualquier tecnología. Pide a Dios que guíe tu uso de los dispositivos para que no te desvíes de Su propósito y que sea para Su gloria y no para la distracción o la gratificación egoísta.

Reflexiona sobre el uso que le das a tu smartphone, computa- dora o consola, y haz ajustes cuando sea necesario para que tu vida digital esté alineada con los valores cristianos.

Fomentar la comunidad cristiana y la responsabilidad mutua

Una de las mejores maneras de superar la adicción a la tec- nología es estar en una comunidad cristiana activa que se apoye mutuamente. La responsabilidad compartida es una herramienta poderosa. La Biblia enseña que *"el hierro se afila con hierro, y el hombre en el trato con el hombre"* (Pr 27:17), lo que subraya la importancia de tener compañeros en la fe que nos ayuden a mantenernos en el camino recto.

Aplicación práctica

Busca amigos o miembros de la iglesia con quienes puedas compartir tus luchas con la tecnología y en los cuales puedas apoyarte mutuamente para establecer límites saludables.

Participa en grupos pequeños donde se aborden estos temas y en los que puedas encontrar apoyo para crecer espiritualmente mientras navegas en un mundo lleno de distracciones tecnológicas.

La adicción a la tecnología es un desafío creciente en el mundo moderno, pero con la ayuda de Dios y aplicando principios bíblicos, podemos superar esta distracción y enfocarnos en lo que verdaderamente importa: nuestra relación con Dios, nuestras familias y la comunidad cristiana. Al establecer límites sabios, buscar la disciplina y ser intencionales con el uso de la tecnología, podemos usar estos recursos de manera que honren a Dios y promuevan el crecimiento espiritual.

CAPÍTULO 3:
PORNOGRAFÍA

Datos que hay que tener en cuenta

En 2023, Pornhub mantuvo su posición como uno de los sitios más populares a nivel mundial en el ámbito del contenido para adultos. Aquí tienes un resumen de las principales estadísticas del año:

Visitas y tráfico: La plataforma registró un promedio de 130 millones de visitas diarias, lo que equivale a cerca de 3,900 millones de visitas mensuales y 36,000 millones al año. Esto la convierte en una de las webs más visitadas del mundo

Países con mayor consumo

Estados Unidos lideró el tráfico global, seguido de Filipinas, Francia, México y Reino Unido. Entre los 20 principales también estuvieron países como Japón, Alemania, Italia, Canadá, Brasil, y España

En América Latina, México, Brasil, y Colombia figuraron entre los países con mayor consumo.

Duración de visitas

El tiempo promedio de permanencia global fue de 10 minutos y 9 segundos por visita, con México registrando un promedio de 9 minutos y 24 segundos, un aumento respecto al año anterior.

Distribución por género y edad

En general, el consumo fue equilibrado, con un 50% hombres y 50% mujeres en ciertos países como Colombia.

La edad promedio de los usuarios fue de 37 años, mientras que los grupos jóvenes (18-24 años) destacaron en países como Filipinas, México y Egipto.

Facturación y suscripciones

Los ingresos globales de la industria del entretenimiento para adultos en 2022 alcanzaron un valor estimado de 58.4 mil millones de dólares. Este mercado incluye diversas categorías como contenido en línea, DVDs, juguetes sexuales, servicios en clubes, entre otros. Se proyecta un crecimiento significativo a una tasa compuesta anual (CAGR) del 5.2% entre 2023 y 2032, lo que podría llevar el mercado a 96.2 mil millones de dólares en 2032.

El crecimiento está impulsado por factores como la aceptación social del contenido adulto, la proliferación de plataformas digitales y la demanda de productos relacionados con el bienestar sexual. Sin embargo, el sector también enfrenta desafíos legales, regulatorios y de percepción social en diversas regiones del mundo.

Estos datos ilustran cómo Pornhub sigue siendo una de las principales referencias en su sector, adaptándose a tendencias globales y locales para mantener su relevancia en el mercado.

La mayoría de las personas que consumen pornografía lo hacen como un estímulo sexual para masturbarse. Estudios recientes indican que entre el 74% y el 98% de los hombres han usado pornografía específicamente para la masturbación, y este comportamiento está altamente correlacionado con la frecuencia de consumo de pornografía. La masturbación es uno de los motivos principales por los que tanto hombres como mujeres recurren al consumo de pornografía, junto con otros factores como aliviar el estrés o aumentar la satisfacción sexual. El consumo de pornografía entre cristianos evangélicos es un fenómeno significativo, con estadísticas que reflejan tasas altas dentro de las comunidades religiosas. Por ejemplo:

Hombres cristianos evangélicos

Según un estudio de Barna, el 64% de los hombres cristianos confesaron haber visto pornografía al menos una vez al mes. Este consumo es casi comparable al de hombres no cristianos.

Jóvenes adultos cristianos (18-24 años)

Entre este grupo, el 76% busca activamente pornografía, lo que evidencia un impacto cultural profundo en las generaciones más jóvenes dentro de la fe.

Mujeres cristianas

Aunque menos frecuente que en hombres, el 13% de las mujeres cristianas menores de 30 años admiten consumir pornografía al menos varias veces al mes.

Pastores y líderes religiosos

Más del 50% de los pastores cristianos reconocen consumir pornografía regularmente, lo que subraya la amplitud de este problema incluso entre los líderes religiosos

Este problema no solo afecta las prácticas individuales, sino que también tiene implicaciones significativas para la comunidad religiosa, como tensiones en los matrimonios y dificultades en la vida espiritual. Algunos ministerios han comenzado a abordar esta problemática mediante programas de recuperación basados en la fe, pero la mayoría de las iglesias no cuentan con estrategias efectivas para combatir este fenómeno.

La adicción a la pornografía

La adicción a la pornografía es un fenómeno complejo y problemático que afecta tanto a individuos como a relaciones y comunidades. Implica el uso compulsivo y destructivo de material sexual explícito, que interfiere con la vida cotidiana, las relaciones personales, el bienestar emocional y, especialmente, el crecimiento espiritual. A continuación, desglosaremos en detalle qué es la adicción a la pornografía, cómo se desarrolla, sus efectos en la persona y cómo afecta la vida espiritual.

El consumo de material pornográfico se ha convertido en un problema profundamente arraigado en muchas comunidades cristianas y, lamentablemente, es una de las principales causas que conduce a la caída de líderes espirituales, como pastores, así como a la ruptura de matrimonios dentro de la iglesia. A pesar de que la Biblia ofrece una enseñanza clara sobre la pureza sexual y el respeto mutuo en el matrimonio, la proliferación de la pornografía y la facilidad con la que se puede acceder a ella ha creado una generación de cristianos que luchan en secreto contra esta adicción, lo que puede tener consecuencias devastadoras para la vida espiritual, las relaciones personales y la comunidad en general.

La pornografía, en su forma más básica, es una representación visual o escrita de actividades sexuales explícitas con la intención de excitar o satisfacer el deseo sexual. En la vida cristiana, se considera un pecado debido a su objetivación de los cuerpos humanos y su distorsión de la sexualidad que Dios creó como algo santo y destinado a ser disfrutado dentro del contexto del matrimonio (*cf.* Gn 2:24). Jesús mismo enseñó que la lujuria en el corazón es equivalente al adulterio en los ojos de Dios (*cf.* Mt 5:28), lo que subraya la seriedad de este pecado, tanto en acción como en pensamiento.

Sin embargo, en la actualidad, el consumo de pornografía no es algo aislado o marginal, sino que está profundamente extendido, incluso en las comunidades cristianas. Esto es particularmente alarmante cuando se considera que muchos cristianos, incluidos líderes como pastores, no siempre son sinceros al respecto y ocultan su lucha, lo que solo contribuye a la perpetuación del problema dentro de la iglesia. Los pastores, como líderes espirituales, tienen una gran responsabilidad no solo de predicar el evangelio, sino de ser ejemplos para la congregación en sus vidas personales. Sin embargo, el consumo de pornografía puede ser un factor clave en la caída de muchos de ellos. El acceso fácil y discreto a material pornográfico puede llevar a un ciclo destructivo de indulgencia, culpa y vergüenza. La falta de confesión y la incapacidad para abordar este problema abiertamente con otros líderes o con la congregación hace que la adicción crezca, llevando a muchos pastores a cometer adulterio o caer en relaciones extramatrimoniales, lo que pone en peligro su ministerio y su testimonio.

El consumo constante de pornografía crea una desconexión emocional y espiritual, lo que lleva a la desensibilización hacia el pecado. La imagen distorsionada de la sexualidad que ofrece la pornografía puede alimentar un vacío emocional y un deseo insaciable por una gratificación inmediata que nada tiene que ver con el amor verdadero, el respeto y el compromiso que deben existir en el matrimonio. Esta desconexión puede, a su vez, resultar en infidelidades físicas que terminan afectando a la familia pastoral y debilitando la relación con Dios y con la iglesia. El impacto de la pornografía no se limita solo a los líderes de la iglesia, sino que también afecta profundamente a las parejas casadas. En muchas ocasiones, uno de los cónyuges puede quedar atrapado en la adicción a la pornografía sin que el otro lo sepa, lo que crea una división emocional, física y espiritual en el matrimonio. El consumo de pornografía puede generar expectativas poco realistas sobre el sexo y las relaciones, afectando la intimidad marital. El cónyuge afectado puede sentirse rechazado, no deseado o incluso inseguro acerca de su atractivo, ya que su pareja busca satisfacción sexual en una fuente externa.

La pornografía en el contexto matrimonial no solo es un problema físico, sino que es también un daño a la relación emocional y espiritual. La Biblia enseña que el matrimonio es una unión sagrada entre hombre y mujer, en la que ambos se entregan el uno al otro en cuerpo, alma y espíritu (*cf.* Ef 5:31-33). El consumo de pornografía traiciona esta confianza y crea barreras que impiden la verdadera unidad. Además, la adicción puede llevar a una falta de comunicación y un distanciamiento emocional que, a la larga, puede provocar una ruptura matrimonial.

Las estadísticas muestran que muchas parejas cristianas han experimentado un aumento en las rupturas matrimoniales debido a la infidelidad relacionada con la pornografía. Cuando el uno o ambos cónyuges se sienten emocionalmente dañados por la adicción a la pornografía, se genera un ciclo de desconfianza, resentimiento y, eventualmente, separación. La sensación de traición por parte del esposo o esposa adicto a la pornografía es difícil de superar, incluso con esfuerzos de reconciliación. Es vital que la iglesia reconozca la realidad de este problema y comience a tratarlo con seriedad. Los líderes y miembros de la iglesia deben estar dispuestos a enfrentar este problema en su comunidad. Aunque el pecado de la pornografía es vergonzoso, no es un pecado sin solución. La iglesia debe ser un lugar de restauración, donde aquellos atrapados en la adicción reciban el perdón de Dios, el apoyo de la comunidad y las herramientas necesarias para superar la tentación.

Los pastores y líderes espirituales deben ser los primeros en dar ejemplo, mostrando vulnerabilidad y transparencia en sus propias luchas, para que otros se sientan cómodos buscando ayuda. De igual manera, los matrimonios deben buscar apoyo mutuo para sanar las heridas causadas por este problema, y ser honestos el uno con el otro sobre sus luchas. La reconciliación con Dios y entre los esposos es posible si se busca la ayuda adecuada, se practica el arrepentimiento genuino, y se está dispuesto a luchar por la restauración.

La adicción a la pornografía, aunque devastadora, no es un final. La Biblia promete que *"si confesamos nuestros pecados, él es fiel y justo para perdonarnos nuestros pecados y limpiarnos de toda maldad"* (1 Jn 1:9). La sanación es posible a través de la gracia de Dios, el arrepentimiento genuino y la ayuda de la comunidad cristiana.

Los individuos y las parejas que luchan con la pornografía deben buscar la sanación completa que solo se encuentra en Cristo. El poder de Dios es más grande que cualquier adicción, y a través de la oración, la lectura de la palabra, el arrepentimiento y la rendición a Dios, es posible romper el ciclo de la pornografía. Además, las iglesias deben ofrecer programas de apoyo y consejería, así como grupos de rendición de cuentas, para ayudar a aquellos que buscan superar esta adicción y restaurar sus vidas. La adicción a la pornografía es un problema grave y devastador, especialmente dentro de las comunidades cristianas. Afecta no solo a los individuos, sino que también causa estragos en las relaciones matrimoniales y en el liderazgo espiritual de la iglesia. Sin embargo, es posible encontrar la sanación y la restauración a través de Cristo. La iglesia debe ser un lugar donde se reconozca este problema, se ofrezca apoyo y se ayude a los creyentes a restaurar su vida espiritual y matrimonial. La verdadera libertad de la pornografía se encuentra solo en una vida transformada por el poder de Dios.

¿Qué es la adicción a la pornografía?

La adicción a la pornografía se refiere a la compulsión de ver contenido sexual explícito de manera repetitiva, a pesar de los efectos negativos que esto tiene en la vida personal, emocional, social y espiritual de la persona. Aunque muchas personas pueden ver pornografía de vez en cuando sin que esto se convierta en un problema, en aquellos casos donde se vuelve una adicción, el comportamiento se convierte en algo fuera de control y dañino. La persona se ve atrapada en un ciclo en el que la necesidad de buscar más contenido pornográfico se vuelve cada vez más fuerte, y el acto de consumirlo es visto como una forma de aliviar el estrés, la ansiedad, o la soledad.

El consumo de material pornográfico actúa como un desencadenante de la masturbación. Esto se debe a que la pornografía a menudo crea un estímulo visual o mental que aumenta el deseo sexual, lo que lleva a la persona a buscar una gratificación física inmediata, que comúnmente se satisface a través de la masturbación.

La naturaleza de la adicción a la pornografía

La adicción a la pornografía comparte muchas similitudes con otras formas de adicción, como las drogas o el alcohol. La principal característica de la adicción es que, aunque la persona es consciente de los daños que el comportamiento le causa, se vuelve incapaz de detenerlo. Esto se debe a varios factores, como:

Al igual que otras adicciones, la pornografía activa el sistema de recompensa del cerebro, lo que libera grandes cantidades de dopamina, el neurotransmisor asociado con el placer y la gratificación. Esta liberación crea una sensación de euforia, lo que refuerza el comportamiento y hace que la persona quiera repetirlo, incluso si sabe que tiene consecuencias negativas a largo plazo.

Neuroplasticidad

Con el tiempo, el cerebro se adapta al consumo repetido de pornografía, lo que lleva a un aumento de la tolerancia. La persona necesita ver contenido más explícito, extremo o frecuente para experimentar la misma excitación que experimentaba al principio. Además, la exposición a pornografía puede modificar las redes neuronales en el cerebro, aumentando la necesidad de ver más pornografía para satisfacer los mismos deseos o emociones.

Condiciones emocionales

Muchas personas que luchan con la adicción a la pornografía lo hacen como una forma de lidiar con problemas emocionales subyacentes, como la ansiedad, la depresión, la baja autoestima o el estrés. La pornografía actúa como una válvula de escape temporal, pero nunca resuelve los problemas internos y, de hecho, a menudo los empeora.

Desensibilización y distorsión de la realidad

A medida que una persona consume más pornografía, puede comenzar a desensibilizarse a la excitación sexual y a desarrollar una visión distorsionada de la sexualidad y las relaciones interpersonales. Esto puede generar expectativas poco realistas sobre el sexo y las relaciones, afectando las interacciones con otras personas y contribuyendo a la desconexión emocional.

Efectos negativos de la adicción a la pornografía. Impacto en las relaciones.

La adicción a la pornografía puede tener consecuencias devastadoras para las relaciones de pareja. Las personas que consumen pornografía de manera excesiva pueden volverse emocionalmente distantes de sus parejas, ya que prefieren la gratificación inmediata que la pornografía les ofrece. La pornografía también puede crear expectativas poco realistas sobre el sexo, lo que puede llevar a la insatisfacción sexual en las relaciones reales. Las parejas pueden sentirse rechazadas o inseguras debido a la preferencia de la persona adicta por la pornografía.

Problemas emocionales y psicológicos

El consumo excesivo de pornografía puede contribuir a la ansiedad, la depresión, la culpa y la vergüenza. A medida que la persona se siente atrapada en el ciclo de la adicción, puede experimentar sentimientos de inutilidad o desesperación, ya que no puede controlar sus impulsos, a pesar de ser consciente de los efectos negativos en su vida.

Aislamiento social

Las personas que luchan con la adicción a la pornografía tienden a evitar la interacción social real y, a menudo, se aíslan para consumir pornografía en privado. Este aislamiento puede llevar a la pérdida de amistades, relaciones familiares rotas y una desconexión general con la sociedad.

Disfunción sexual

Uno de los efectos más graves de la adicción a la pornografía es su impacto en la vida sexual real de la persona. Esto puede incluir disfunción eréctil, disminución del deseo sexual, dificultades para establecer relaciones íntimas reales, y una mayor preferencia por la gratificación sexual solitaria frente a la interacción sexual emocionalmente significativa con una pareja.

¿Como afecta la pornografía en el matrimonio?

La pornografía puede ser un factor significativo en rupturas matrimoniales, particularmente cuando está vinculada a la implicación de terceros o comportamientos sexuales en línea. Según estudios, el consumo de pornografía está asociado con un aumento en las tasas de divorcio. Por ejemplo, las parejas casadas que comienzan a consumir pornografía tienen el doble de probabilidades de divorciarse en comparación con aquellas que no lo hacen, y las mujeres que inician el consumo de pornografía tienen hasta tres veces más probabilidades de separarse.

Además, el uso de pornografía puede conducir a sentimientos de traición y desconfianza similares a los causados por la infidelidad. Las conductas sexuales en línea, como chats privados o interacciones sexuales virtuales, también son vistas como "infidelidades digitales" por muchas parejas y tienen un impacto negativo en la intimidad y la estabilidad emocional del matrimonio.

Un factor relevante es que la pornografía puede influir en la insatisfacción relacional al crear expectativas poco realistas, reducir el tiempo de calidad entre las parejas y generar una desconexión emocional. Esto puede abrir la puerta a problemas adicionales, incluyendo el involucramiento de terceros en la dinámica matrimonial.

Si bien la pornografía no es el único factor detrás de las rupturas matrimoniales, los estudios indican que su influencia es significativa y a menudo contribuye al deterioro de la relación. Esto subraya la importancia de abordar el tema de manera abierta en las parejas y considerar buscar apoyo profesional si el consumo de pornografía afecta negativamente la relación.

La percepción de traición

El consumo de pornografía por parte de uno de los miembros de la pareja puede percibirse como una forma de infidelidad emocional o sexual. Esto es especialmente común cuando el contenido involucra interacciones directas con terceros, como en el caso de chats sexuales, cámaras en vivo o plataformas de contenido explícito personalizado. Muchos estudios indican que la percepción de traición es tan intensa en estos casos como en una infidelidad física, lo que puede llevar a sentimientos de inseguridad, celos y desconfianza.

Desconexión emocional y reducción de la intimidad

El consumo excesivo de pornografía puede reducir el tiempo y la atención dedicados a la pareja. En particular, el involucramiento en comportamientos sexuales en línea con terceros desvía la energía emocional y sexual hacia esas interacciones externas, lo que debilita los lazos íntimos en la relación. Esto genera un sentimiento de abandono emocional, que es una causa común de insatisfacción marital y, eventualmente, de rupturas.

Expectativas irreales y presión sobre la relación

La pornografía, al presentar imágenes idealizadas o estilizadas de la sexualidad, puede crear expectativas irreales sobre el cuerpo, el desempeño sexual y las dinámicas íntimas. Esto puede llevar a la insatisfacción dentro del matrimonio, especialmente cuando un miembro de la pareja compara la realidad con las experiencias consumidas en línea. Este contraste puede exacerbar tensiones y hacer que algunos busquen gratificación en relaciones externas o actividades digitales.

Comportamientos adictivos y compulsivos

En casos donde el consumo de pornografía evoluciona hacia un comportamiento compulsivo, las consecuencias son particularmente graves. Las personas con adicción a la pornografía pueden buscar estímulos cada vez más extremos, incluidos contenidos personalizados o interacción con terceros. Esto no solo afecta la relación directa, sino que también incrementa la probabilidad de conflictos relacionados con gastos financieros, tiempo invertido en estas actividades y desconexión general.

Efectos psicológicos y sociales en el matrimonio

El impacto psicológico en el cónyuge traicionado puede incluir depresión, ansiedad y una baja autoestima, al sentirse desplazado o incapaz de competir con las experiencias o imágenes de terceros. Estos efectos suelen amplificar las tensiones en la relación y dificultar cualquier intento de reconciliación o restauración de la confianza. La pornografía, especialmente cuando involucra la participación de terceros a través de medios digitales, es un factor que puede detonar rupturas matrimoniales al erosionar la confianza, la intimidad y la estabilidad emocional de la relación. Abordar este problema requiere comunicación abierta entre las parejas, así como intervención profesional si el consumo alcanza niveles compulsivos o adictivos. Esto no solo ayuda a manejar las consecuencias inmediatas, sino también a prevenir daños a largo plazo en la dinámica familiar.

La insatisfacción dentro de una relación de pareja, especial- mente en el ámbito emocional o sexual, puede llevar a algunos hombres a buscar aventuras extramatrimoniales o a aprovechar cualquier oportunidad para involucrarse sexualmente con alguien más. Este fenómeno tiene varias raíces psicológicas, sociales y emocionales que lo explican, y puede tener graves consecuencias para las relaciones.

Insatisfacción emocional y sexual

Cuando los hombres sienten que sus necesidades emocionales o sexuales no son satisfechas dentro del matrimonio o relación de pareja, pueden experimentar un deseo de buscar gratificación fuera de esta. La falta de comunicación abierta, expectativas no cumplidas o desconexión emocional con sus parejas son factores que contribuyen a esta dinámica. Un estudio de la Universidad de Indiana encontró que la desconexión emocional es uno de los principales catalizadores para la infidelidad masculina, más allá de una simple atracción física hacia otra persona.

Impulsividad y oportunidades

El deseo de buscar amantes o ceder a la tentación en una primera oportunidad también está influenciado por factores contextuales. Según investigaciones, los hombres que sienten insatisfacción crónica dentro de sus relaciones son más propensos a actuar impulsivamente cuando se les presenta la ocasión de tener sexo con alguien más, especialmente si perciben que pueden evitar las consecuencias o el descubrimiento.

Reforzamiento cultural y mitos sobre la masculinidad

Algunos entornos culturales perpetúan la idea de que los hombres son "naturalmente polígamos" o que buscar satisfacción fuera de la relación es un comportamiento aceptable si están insatisfechos. Este tipo de narrativas puede llevar a una normalización de la infidelidad como una respuesta válida a los problemas de pareja.

Relaciones funcionales versus emocionales

Un aspecto importante es que, para algunos hombres, las aventuras no siempre están motivadas por una búsqueda de conexión emocional con sus amantes. Más bien, se trata de gratificación física o un escape temporal de las tensiones dentro de su relación principal. Esto explica por qué muchos hombres pueden ser emocionalmente leales a sus parejas, pero aun así caer en situaciones de infidelidad por insatisfacción sexual.

Efectos psicológicos subyacentes

Factores como baja autoestima, sensación de rechazo por parte de la pareja o crisis personales también pueden llevar a los hombres a buscar validación externa a través de relaciones con otras personas. En muchos casos, la infidelidad no resuelve el problema subyacente, sino que lo agrava, dañando aún más la relación original y la percepción de sí mismos.

La insatisfacción con sus parejas puede llevar a algunos hombres a buscar amantes o involucrarse en relaciones sexuales con otras personas, especialmente cuando se les presenta una oportunidad inmediata. Este comportamiento, aunque común en algunas dinámicas, está profundamente influido por factores psicológicos, emocionales y culturales. La clave para abordar este problema radica en fomentar una comunicación abierta dentro de la pareja, establecer expectativas realistas y trabajar en conjunto para resolver los problemas subyacentes que puedan estar afectando la relación. Si estos problemas persisten, buscar ayuda profesional a través de terapia de pareja o individual puede ser fundamental.

Cómo se relacionan la pornografía y la masturbación. Estímulo sexual visual.

La pornografía está diseñada para estimular sexualmente a través de imágenes o videos explícitos, lo que puede generar un fuerte deseo sexual. Este deseo puede llevar a la masturbación como una respuesta natural al estímulo, en busca de una liberación o satisfacción sexual.

Ciclo de gratificación inmediata

La pornografía y la masturbación se combinan en un ciclo de gratificación inmediata. La pornografía proporciona el estímulo visual, y la masturbación ofrece la liberación física. Sin embargo, este ciclo a menudo no ofrece satisfacción duradera y, con el tiempo, puede llevar a la adicción. Es común que la persona busque nuevas y más intensas fuentes de pornografía o aumente la frecuencia de la masturbación, lo que puede resultar en un patrón destructivo.

Desensibilización

A medida que una persona consume pornografía de manera repetida, puede experimentar un proceso de desensibilización, lo que significa que ya no obtiene la misma satisfacción de la misma cantidad o tipo de material. Este fenómeno puede llevar a la persona a consumir más contenido explícito y a recurrir a la masturbación más frecuentemente para lograr el mismo nivel de gratificación.

El impacto de la pornografía y la masturbación en la vida cristiana

Desde la perspectiva cristiana, tanto la pornografía como la masturbación son considerados problemas que afectan la pureza del corazón y la santidad de la vida sexual, tal como se enseña en la Biblia. Jesús mismo, al enseñar sobre el pecado de la lujuria, dijo en Mateo 5:28 que *"cualquiera que mira a una mujer para codiciarla, ya ha adulterado con ella en su corazón"*. Esto pone en evidencia que el pecado no solo está en la acción física, sino también en los pensamientos y deseos de la mente. La masturbación, en particular, a menudo se asocia con la pornografía, ya que muchas personas recurren a la pornografía como una forma de excitarse antes de masturbarse. Sin embargo, es importante señalar que la Biblia no menciona específicamente la masturbación. No obstante, los principios bíblicos sobre la pureza, la lujuria y el control de los deseos carnales pueden aplicarse a este comportamiento.

Efectos espirituales de la pornografía y la masturbación

Desconexión espiritual

La práctica habitual de la pornografía y la masturbación puede llevar a una desconexión espiritual significativa. En la vida cristiana, la santidad y la pureza son esenciales para una relación íntima con Dios. Cuando una persona se ve atrapada en un ciclo de adicción a la pornografía y la masturbación, puede sentirse condenada o distanciada de la presencia de Dios. Esto puede interferir con su crecimiento espiritual y su capacidad para experimentar una comunión profunda con Él.

Culpa y vergüenza

La Biblia enseña que el pecado de la lujuria y la inmoralidad sexual puede traer culpabilidad y vergüenza (*cf.* 1 Co 6:18-20). Estas emociones pueden alejarnos de la gracia de Dios y hacernos sentir indignos de Su perdón. Sin embargo, el evangelio de Cristo nos ofrece esperanza, ya que nos invita a arrepentirnos y recibir perdón, restaurando nuestra relación con Dios (*cf.* 1 Jn 1:9).

Adicción y esclavitud

La pornografía y la masturbación, cuando se convierten en adicción, pueden llevar a una persona a sentirse atrapada en un ciclo de gratificación temporal pero destructiva. Jesús nos llama a vivir en libertad y a no ser esclavos del pecado (*cf.* Jn 8:36). La adicción a la pornografía y la masturbación puede llevar a una persona a perder el control sobre sus deseos y pensamientos, lo que resulta en una mayor alienación de la voluntad de Dios y de los demás.

Recuperación y restauración

Es importante entender que, aunque la pornografía y la masturbación pueden ser problemas serios en la vida de una persona, hay esperanza para la restauración y la sanación. La Biblia nos enseña que Dios es misericordioso y que, al arrepentirnos sinceramente, podemos encontrar perdón y sanidad (*cf.* Sal 51: 10-12).

La lucha contra la pornografía y la masturbación puede ser difícil, pero es posible superarla con la ayuda de Dios. Es fundamental buscar la ayuda de la iglesia, grupos de apoyo y consejería espiritual para romper este ciclo de adicción. Los principios de la disciplina espiritual, como la oración, el estudio de la palabra de Dios, y el rendirse al Espíritu Santo, son claves para encontrar libertad.

La pornografía y la masturbación están estrechamente relacionadas, y juntas pueden crear un ciclo destructivo que afecta tanto la vida emocional como espiritual de una persona. Desde una perspectiva cristiana, ambas son prácticas que socavan la pureza y la santidad que Dios desea para nosotros. Sin embargo, a través de la gracia y el poder de Cristo, es posible encontrar libertad y restauración. A través del arrepentimiento, la oración y el apoyo adecuado, los creyentes pueden superar la adicción a la pornografía y la masturbación, y vivir vidas que honren a Dios.

¿Cómo afecta la adicción a la pornografía a la vida espiritual?

La adicción a la pornografía tiene un impacto devastador en la vida cristiana y en el crecimiento espiritual de una persona. La Biblia es clara en cuanto a la pureza sexual y la santidad, y la pornografía se presenta como una violación de estos principios. Jesús enseñó que *"cualquiera que mire a una mujer para codiciarla ya ha adulterado con ella en su corazón"* (Mt 5:28), lo que indica que el pecado de la lujuria y la concupiscencia está arraigado en el corazón, no solo en la acción externa.

Desconexión de Dios

La adicción a la pornografía puede crear una barrera entre el creyente y su relación con Dios. La Biblia nos enseña que el pecado separa a los seres humanos de Dios (*cf.* Is 59:2), y la pornografía, al ser un pecado de la carne, crea una división en la comunión con Dios. La persona puede sentirse avergonzada, culpable o indigno de acercarse a Dios, lo que debilita su vida espiritual.

Destrucción de la santidad

En 1 Corintios 6:19-20, el apóstol Pablo nos recuerda que nuestros cuerpos son templos del Espíritu Santo y debemos honrar a Dios con ellos. El consumo de pornografía viola este principio, ya que objetiviza y degrada el cuerpo humano, haciendo que la persona trate su cuerpo y el de otros de manera inapropiada. Esto contradice el llamado cristiano a la santidad y al respeto mutuo.

Inmadurez espiritual

La adicción a la pornografía puede obstaculizar el crecimiento espiritual y la madurez. El pecado no solo priva al creyente de una comunión plena con Dios, sino que también lo estanca espiritualmente. La pornografía, al satisfacer de manera superficial los deseos sexuales y emocionales, impide que la persona busque la verdadera satisfacción y plenitud que solo se encuentran en Cristo.

Falta de autocontrol y dominio propio

La adicción a la pornografía demuestra una falta de autocontrol, que es un fruto del Espíritu (Gal 5:22-23). La Biblia enseña que debemos aprender a gobernar nuestras pasiones y deseos, y no dejar que nos controlen. La adicción a la pornografía, por lo tanto, se convierte en un obstáculo para vivir de acuerdo con los principios cristianos de autodisciplina y santidad.

Superando la adicción a la pornografía

La superación de la adicción a la pornografía requiere un enfoque integral que incluya oración, arrepentimiento, el apoyo de la comunidad cristiana y, en muchos casos, asesoramiento profesional. Es fundamental reconocer la gravedad del problema y buscar la sanidad que solo se encuentra en Cristo. Algunas estrategias incluyen:

1. Arrepentimiento sincero
Reconoce que la pornografía es un pecado y pedir perdón a Dios.

2. Renovación de la mente
Medita en las Escrituras, como Filipenses 4:8, para llenar la mente de pensamientos puros y virtuosos.

3. Responsabilidad mutua
Establece relaciones de rendición de cuentas con hermanos en Cristo que puedan orar y apoyarse mutuamente.

4. Ayuda profesional
Si la adicción es grave, busca el consejo de un terapeuta cristiano especializado en adicciones.

La adicción a la pornografía es un problema serio que afecta tanto a la vida personal como a la vida espiritual. Es un pecado que destruye la santidad, las relaciones y la intimidad genuina con Dios. Sin embargo, a través del arrepentimiento, el poder transformador de Cristo y el apoyo de la comunidad cristiana, es posible encontrar la libertad y restaurar la pureza en la vida espiritual.

Impacto devastador
La pornografía puede tener un impacto profundo y desestabilizador en la psique humana. En muchos casos, cuando una persona se involucra en el consumo habitual de contenido pornográfico, los mecanismos cerebrales asociados con la gratificación y la recompensa, como la liberación de dopamina, se activan y refuerzan. Con el tiempo, el cerebro se adapta a este estímulo, lo que lleva a la persona a buscar experiencias más intensas o extremas para obtener el mismo nivel de satisfacción que inicialmente obtenía de contenido

más moderado. Este proceso puede tener diversas consecuencias, incluidas las siguientes:

Desensibilización y búsqueda de contenido más extremo

El cerebro, al habituarse a los estímulos iniciales de la pornografía, experimenta un fenómeno de *tolerancia*, donde es necesario consumir contenido más explícito o violento para lograr la misma sensación de excitación. Esto puede llevar a la persona a buscar contenidos que se desvían de lo convencional, como el material más explícito o inusual, lo que puede incluir temas como el abuso sexual, la zoofilia, o incluso prácticas relacionadas con el homosexualismo, aunque estas últimas son un fenómeno muy complejo que involucra una variedad de factores personales y sociales.

Distorsión de la percepción de la sexualidad

El consumo repetido de pornografía tiene un impacto significativo y profundo en la percepción de la sexualidad, alterando la forma en que una persona experimenta y valora las relaciones íntimas. A medida que alguien se expone continuamente a este tipo de material, especialmente si lo hace de manera frecuente, el cerebro se adapta a los estímulos intensos y artificiales que ofrece la pornografía. Este fenómeno puede tener efectos psicológicos, emocionales y sociales a largo plazo, los cuales van mucho más allá del simple "placer físico" que podría parecer en un primer momento. A continuación, exploraré cómo esto afecta la forma en que se vive la sexualidad y las relaciones humanas.

Desensibilización y despersonalización de la sexualidad

Una de las primeras consecuencias del consumo repetido de pornografía es la *desensibilización*. Con el tiempo, el cerebro se acostumbra a los altos niveles de estimulación que ofrece la pornografía, lo que hace que las experiencias sexuales reales sean menos excitantes o satisfactorias. Esto puede llevar a una persona a perder el interés en el contacto físico genuino, ya que los estímulos que recibe a través de la pornografía son artificialmente intensos.

Además, la pornografía presenta una visión de la sexualidad completamente despersonalizada, donde los involucrados son vistos como objetos para el placer, en lugar de seres humanos completos con emociones, deseos y necesidades. Este enfoque mecanicista de la sexualidad desvincula el acto sexual de sus componentes emocionales y afectivos, transformándolo en un simple intercambio físico que no involucra un compromiso emocional ni una conexión genuina con la pareja. En este en- torno, la intimidad real y el amor se vuelven irrelevantes frente a la búsqueda de sensaciones rápidas y placeres momentáneos.

Distorsión de las expectativas sexuales

Al consumir pornografía, se alimentan expectativas poco realistas sobre la sexualidad. Las personas que ven pornografía con regularidad pueden comenzar a creer que las relaciones sexuales deben ser siempre extremadamente intensas, sin complicaciones emocionales, y que el placer debe ser siempre inmediato y sin obstáculos. Esta distorsión de las expectativas puede afectar negativamente a las relaciones de pareja, ya que la persona que consume pornografía puede esperar de su pareja sexual lo que ve en los videos: un acto inmediato y sin emociones involucradas, donde el placer físico es el único objetivo. Esto ignora completamente la complejidad de la intimidad emocional y la conexión profunda que muchas veces requiere tiempo, compromiso y vulnerabilidad.

Además, cuando una persona se acostumbra a ver cuerpos perfectos y escenas extremadamente estilizadas, puede desarrollar una visión distorsionada de lo que es "normal" en la sexualidad. Este tipo de pornografía a menudo promueve una imagen irreal del cuerpo humano y de las relaciones sexuales, lo que puede generar inseguridad, insatisfacción e incluso una presión por alcanzar ciertos estándares inalcanzables.

Vacío emocional y búsqueda de gratificación constante

La pornografía, al ser consumida en exceso, crea una desconexión emocional de la sexualidad. La verdadera intimidad entre dos personas implica no solo el placer físico, sino también una conexión emocional profunda, la confianza, el afecto y el amor. Sin embargo, cuando alguien se acostumbra a consumir pornografía, comienza a llenar su vida sexual con una experiencia vacía de esta dimensión emocional. El cerebro, en su búsqueda de gratificación, puede empezar a asociar la estimulación sexual con la evasión de problemas emocionales o la satisfacción inmediata, en lugar de un acto significativo y emocionalmente enriquecedor.

Este vacío emocional que se crea lleva a una constante búsqueda de gratificación más intensa. La persona comienza a necesitar más material pornográfico, más explícito y extremo, para llenar el vacío que no puede ser cubierto con las relaciones personales o con la conexión emocional genuina. Es un ciclo continuo de búsqueda de gratificación que se torna cada vez más vacuo, ya que el vacío emocional sigue creciendo mientras se buscan soluciones cada vez más superficiales y temporales.

Afectación de la capacidad para establecer relaciones saludables

La pornografía, al promover una visión distorsionada de la sexualidad y de las relaciones, afecta profundamente la capacidad de una persona para establecer relaciones saludables. Dado que la pornografía enseña que la satisfacción se encuentra en el placer físico inmediato y sin emociones involucradas, las personas que consumen pornografía con frecuencia pueden tener dificultades para conectar de manera emocional y afectiva con su pareja.

La intimidad, en su sentido más profundo, es una relación en la que ambos individuos se abren el uno al otro, comparten vulnerabilidades, y experimentan el sexo como una forma de unión emocional, física y espiritual. La pornografía, sin embargo, promueve una forma de sexualidad donde el otro es visto como un objeto de satisfacción. Este enfoque no solo es insostenible en una relación real, sino que también impide que la persona experimente el verdadero significado de la sexualidad, que es un acto profundamente compartido y emocionalmente significativo.

El impacto en la autoestima y la salud mental

El consumo constante de pornografía también tiene implicaciones para la autoestima. Aquellos que se ven atrapados en este ciclo de gratificación instantánea pueden experimentar una sensación de vergüenza, culpa y desconfianza en sí mismos, especialmente si son conscientes de que están participando en algo que socava su bienestar emocional y espiritual. Esta falta de autenticidad en las relaciones sexuales puede contribuir a un profundo sentimiento de insatisfacción y vacío, afectando la salud mental y emocional de la persona.

Además, las personas que consumen pornografía a menudo experimentan altos niveles de ansiedad y estrés, ya que sienten que no pueden vivir a la altura de las expectativas generadas por el material pornográfico. Esto puede llevar a sentimientos de depresión, inseguridad, y aislamiento, ya que la persona se aleja de la intimidad verdadera y significativa.

El consumo repetido de pornografía no solo distorsiona la percepción de la sexualidad, sino que también crea un vacío emocional que lleva a la persona a buscar más y más estimulación para llenar ese vacío. Este patrón de desensibilización puede llevar a una desconexión emocional, tanto de la pareja como de uno mismo, afectando profundamente la capacidad de experimentar relaciones íntimas y satisfactorias. La pornografía convierte el sexo en un acto vacío y mecanicista, en lugar de una experiencia profundamente conectada emocionalmente. La búsqueda de gratificación instantánea y sin emociones genuinas crea un ciclo de insatisfacción constante, lo que puede afectar la salud mental, la autoestima y, en última instancia, la calidad de las relaciones personales y espirituales. Para restaurar una visión saludable de la sexualidad, es crucial que las personas reconozcan este patrón y busquen ayuda para salir del ciclo de la adicción y la distorsión sexual.

Impacto en las relaciones interpersonales

La adicción a la pornografía puede llevar a una persona a desconectarse de su pareja o de cualquier posibilidad de tener una relación sexual real y saludable. La obsesión con la pornografía y la constante búsqueda de nuevos estímulos puede hacer que una persona se vuelva menos interesada o incapaz de experimentar intimidad emocional o física con otra persona. Esto puede deteriorar las relaciones matrimoniales y de pareja, y llevar a la infidelidad.

Impacto en la identidad sexual

En algunos casos, las personas que consumen pornografía de manera excesiva pueden experimentar confusión sobre su propia identidad sexual. Aunque el consumo de pornografía no causa en sí mismo la orientación sexual, puede actuar como un factor que contribuye a la exploración de diferentes aspectos de la sexualidad. Para algunas personas, el consumo de pornografía puede provocar la curiosidad o la presión interna por explorar prácticas que anteriormente no habían considerado. Esto puede incluir prácticas que anteriormente eran vistas como tabú o inusuales, como la zoofilia o el fetichismo, donde el contenido pornográfico más extremo sirve como un punto de partida para una búsqueda de nuevas experiencias.

Desensibilización emocional y falta de empatía

El consumo repetido de pornografía también puede generar una desensibilización emocional, donde las personas pierden la capacidad de experimentar empatía hacia otras personas, ya que las relaciones y las experiencias sexuales se vuelven algo despersonalizado. Esto puede afectar las relaciones personales, pero también la forma en que una persona ve y trata a los demás. En algunos casos, esto puede llevar a la normalización de conductas dañinas, como el abuso o la explotación, ya que la línea entre lo que es "aceptable" y "no aceptable" en la sexualidad se va difuminando.

Ciclo de adicción y distorsión cognitiva

A medida que una persona sigue involucrándose en la pornografía, el ciclo de gratificación inmediata se refuerza, creando un patrón compulsivo. Este ciclo de adicción a la pornografía puede llevar a la persona a justificar y racionalizar la búsqueda de contenido cada vez más extremo. Con el tiempo, esto puede desensibilizarla aún más a los efectos perjudiciales de su consumo, como la objetificación de las personas o la normalización de conductas sexualmente agresivas.

El consumo de pornografía puede llevar a un ciclo de búsqueda de estímulos más intensos y extremos debido a la desensibilización progresiva del cerebro. Esto puede incluir prácticas sexuales más inusuales, como la zoofilia o la exploración de la homosexualidad, que no son necesariamente causadas directa- mente por la pornografía, pero que se pueden ver fomentadas por la exposición repetida a material sexual más explícito. A nivel psicológico, la pornografía distorsiona la forma en que una persona experimenta la sexualidad, promueve la desconexión emocional y puede interferir en las relaciones interpersonales saludables.

Es fundamental que las personas que experimentan estas tendencias busquen ayuda profesional para superar la adicción a la pornografía y restaurar una visión más saludable y equilibrada de la sexualidad y las relaciones humanas. Además, desde una perspectiva cristiana, la Biblia ofrece principios para restaurar la pureza y la integridad emocional, ofreciendo un camino hacia la sanación y el crecimiento espiritual a través de la confesión, el arrepentimiento y la sanación del corazón.

¿Como detectar a alguien adicto a la pornografía? ¿Qué señales deja?

Detectar a alguien adicto a la pornografía puede ser complicado, ya que muchas personas intentan ocultar su consumo de este tipo de material, especialmente debido al estigma social y la vergüenza asociada. Sin embargo, hay señales y comportamientos que pueden indicar que una persona está luchando con una adicción a la pornografía. Estas señales se manifiestan tanto a nivel emocional, psicológico, como en las relaciones interpersonales y en la vida cotidiana. A continuación, se detallan algunas de las principales señales a tener en cuenta:

Búsqueda constante de más material

La persona puede sentirse impulsada a ver pornografía de manera repetitiva e incluso a aumentar la cantidad o intensidad del material que consume, buscando nuevas formas de estimulación (más explícitas, más variadas, o más extremas).

Dificultad para controlar el consumo

Aunque la persona pueda ser consciente de las consecuencias negativas del consumo (en su salud, relaciones, trabajo, etc.), no puede evitar seguir viéndola. A menudo intentan dejarlo, pero no lo logran.

Uso fuera de control

La persona puede pasar horas mirando pornografía y llegar a gastar mucho más tiempo del que inicialmente planeaba. Esta incapacidad para controlar el tiempo dedicado a la pornografía es un indicio clave de la adicción.

Aislamiento social y emocional: retiro social

Las personas adictas a la pornografía a menudo se aíslan, ya sea porque sienten vergüenza o porque prefieren dedicar más tiempo a la pornografía que a interactuar con amigos, familiares o incluso su pareja. Esto puede llevar a la persona a abandonar actividades sociales y compromisos importantes.

Disminución de la intimidad emocional y física en las relaciones

Las personas adictas pueden sentirse menos conectadas emocionalmente con su pareja, lo que puede resultar en una disminución de la actividad sexual real o una desconexión emocional. La pornografía puede reemplazar la necesidad de contacto y de relaciones auténticas, lo que lleva a la incapacidad para experimentar la intimidad de manera genuina.

Impacto en las relaciones interpersonales

Conflictos o tensiones en la relación de pareja

Las parejas de personas adictas a la pornografía a menudo experimentan conflictos relacionados con la falta de comunicación, la infidelidad emocional, o la insatisfacción sexual. La pornografía puede convertirse en un "tercer miembro" de la relación, creando celos y desconfianza.

Mentir sobre el consumo

Una persona con adicción a la pornografía puede mentir u ocultar la cantidad de tiempo que pasa viéndola, o puede intentar cubrir sus huellas borrando el historial de navegación o usando dispositivos privados.

Alteración en el comportamiento sexual y expectativas poco realistas

El consumo excesivo de pornografía distorsiona la percepción de la sexualidad y las relaciones sexuales. Esto puede llevar a que la persona tenga expectativas poco realistas sobre la intimidad, ya sea esperando que todas las experiencias sexuales sean extremadamente excitantes o que los cuerpos de las parejas sean siempre perfectos como los que se muestran en los videos pornográficos.

Desinterés por el sexo real

El desinterés por el sexo real en personas que luchan con la adicción a la pornografía es un fenómeno profundamente perturbador y desgarrador, tanto para la persona adicta como para su pareja. Este fenómeno se presenta como una de las con- secuencias más devastadoras y destructivas de la pornografía en la vida de una persona, especialmente cuando afecta a las relaciones de pareja y, por ende, al bienestar emocional y sexual de ambos. Para entender este tema a fondo, es importante examinar cómo la pornografía afecta la percepción de la sexualidad, el deseo y la intimidad en las relaciones reales.

Practicas extremas

El consumo de pornografía, especialmente cuando se convierte en una adicción, puede tener efectos devastadores sobre la dinámica de una relación de pareja, llevando a situaciones extremas de manipulación y abuso. Algunas personas, influenciadas por las representaciones distorsionadas de la sexualidad en la pornografía, pueden presionar a sus parejas a participar en prácticas sexuales que no desean, como el sexo oral o anal, a menudo sin considerar el bienestar emocional o físico del otro. Esta imposición puede generar una dinámica de poder desigual, en la que uno de los miembros de la pareja se siente obligado a cumplir con expectativas basadas en lo que se muestra en material pornográfico, independientemente de sus propios deseos o límites.

En casos más graves, esta presión puede desembocar en situaciones de violencia sexual, donde el consentimiento no es respetado y se traspasan límites personales y emocionales. La pornografía puede desensibilizar a las personas hacia la importancia del consentimiento mutuo y el respeto en la intimidad, lo que a menudo lleva a una despersonalización del acto sexual, transformándolo en un ejercicio de dominación o control en lugar de una experiencia compartida de amor y conexión.

Este fenómeno refleja la desconexión emocional que puede surgir cuando las personas buscan gratificación inmediata e impersonal a través de la pornografía, sin tener en cuenta las necesidades, deseos y límites de su pareja. La presión por realizar actos sexuales que no son cómodos o deseados puede tener consecuencias graves en la relación, erosionando la confianza, la intimidad y el respeto mutuo. En última instancia, este tipo de comportamiento puede dañar irremediablemente la relación, convirtiéndola en un espacio de abuso y coerción, en lugar de un lugar seguro de amor y afecto.

Problemas de rendimiento y responsabilidad

Desempeño académico o laboral deteriorado
El consumo excesivo de pornografía puede interferir con la capacidad de concentración y el rendimiento en el trabajo o en la escuela. La adicción consume tiempo y energía, lo que puede generar una disminución de la productividad, el retraso en tareas importantes o el incumplimiento de responsabilidades.

Dificultad para cumplir compromisos
La persona puede fallar en compromisos importantes (ya sean laborales, familiares o sociales) debido a la preferencia por ver pornografía o la incapacidad para dejarla. Esto puede llevar a una falta de motivación general y un deterioro de la capacidad para mantener una vida equilibrada.

Cambios en el estado de ánimo y ansiedad

Culpa y vergüenza
Las personas que son adictas a la pornografía suelen sentirse culpables o avergonzadas por su comportamiento, pero a menudo no pueden dejar de consumirla. La contradicción entre lo que sienten y lo que hacen puede generar ansiedad, depresión y otras emociones negativas.

Frustración o irritabilidad

Si no tienen acceso a pornografía o intentan resistir la tentación, la persona puede sentirse frustrada, ansiosa o incluso irritada. Esto puede reflejarse en un comportamiento más impulsivo o emocionalmente inestable.

Cambios en la autoimagen y autoestima

Disminución de la autoestima

Con el tiempo, la persona adicta puede comenzar a sentir que su vida no tiene sentido sin el consumo de pornografía, lo que puede llevar a una baja autoestima. La persona puede sentirse como si estuviera fuera de control o incapaz de cambiar su comportamiento, lo que agrava su sensación de desesperanza.

Preocupación excesiva por la apariencia física o el deseo de cumplir con los estándares de la pornografía

La exposición a la pornografía también puede generar inseguridades sobre la apariencia física, ya sea en cuanto al propio cuerpo o en las expectativas que se tienen de una pareja.

Cambios físicos y de salud

Fatiga o falta de energía

El consumo excesivo de pornografía puede llevar a un agotamiento físico o emocional, ya que las personas pasan mucho tiempo viendo pornografía en lugar de participar en actividades físicas saludables o descansar adecuadamente.

Dependencia física o mental

En algunos casos, la adicción a la pornografía puede estar vinculada a una dependencia física (como la masturbación excesiva) que afecta la salud en general, o puede manifestarse en síntomas similares a los de la adicción a otras sustancias, como la incapacidad de dejar el hábito.

Detectar la adicción a la pornografía en una persona requiere prestar atención a ciertos comportamientos y cambios en la vida cotidiana. Aunque algunas de estas señales pueden ser sutiles y difíciles de notar, es importante comprender que la adicción a la pornografía es un problema serio que afecta tanto la salud emocional como las relaciones interpersonales. Si alguien muestra varias de estas señales, puede ser una indicación de que necesita ayuda profesional para superar esta adicción y restaurar su bienestar emocional, relacional y espiritual.

La excitación sexual en los hombres

La excitación sexual en los hombres está fuertemente influenciada por una variedad de factores, y la excitación visual es una de las más prominentes. A nivel biológico y psicológico, los hombres a menudo responden a estímulos visuales como una forma de activación sexual. Esta reacción está relacionada con cómo el cerebro procesa imágenes y señales visuales, las cuales son percibidas como potencialmente excitantes o atractivas. A continuación, te explico en más detalle cómo ocurre este proceso:

El papel de los estímulos visuales

Los hombres, debido a factores evolutivos y biológicos, tienden a ser más sensibles a los estímulos visuales cuando se trata de la excitación sexual. Esto se debe a la forma en que sus cerebros están programados para procesar señales visuales, especialmente relacionadas con la sexualidad. El cerebro masculino tiene una respuesta más inmediata a las imágenes que muestran a una mujer desnuda, sugerente o realizando ciertos actos sexuales, ya que está vinculado a los centros de recompensa, impulsando la liberación de dopamina, el neurotransmisor asociado con el placer. La relación entre los estímulos visuales y la excitación sexual masculina es un fenómeno complejo que está profundamente arraigado en la biología y la evolución humana. Los hombres, debido a factores tanto biológicos como evolutivos, tienen una respuesta más pronunciada a los estímulos visuales en comparación con las mujeres, especialmente cuando se trata de la excitación sexual. Esto se debe a cómo sus cerebros están configurados para procesar y reaccionar ante señales visuales relacionadas con la sexualidad.

La biología humana ha desarrollado mecanismos específicos para asegurar la reproducción y la preservación de la especie. Para los hombres, uno de los principales métodos de atracción hacia una posible pareja sexual es a través de señales visuales. A nivel evolutivo, la capacidad de identificar signos de fertilidad y salud en una mujer es crucial para la selección de pareja. Las características físicas de una mujer, como la figura, los rasgos faciales, la piel, o la postura, pueden indicar la fertilidad y el estado general de salud, lo cual ha sido esencial para la reproducción exitosa.

El cerebro masculino está naturalmente programado para detectar estas señales visuales y activar una respuesta sexual. Desde una edad temprana, los hombres aprenden a asociar la presencia de imágenes relacionadas con la sexualidad o la desnudez con la excitación sexual.

El estímulo visual es, sin duda, un factor clave en la excitación sexual masculina debido a su vinculación con el sistema de recompensa cerebral y la liberación de dopamina. Sin embargo, es fundamental reconocer que una vida sexual saludable y equilibrada no se basa únicamente en estímulos visuales, sino en una conexión emocional, mental y física con la pareja. Los hombres deben ser conscientes de cómo el consumo excesivo de material visual puede alterar sus expectativas, afectar su salud emocional y deteriorar sus relaciones íntimas.

El desafío radica en lograr un equilibrio entre la atracción visual y la necesidad de una conexión emocional profunda y significativa en las relaciones sexuales. Además, es esencial ser consciente de los riesgos que la pornografía y la sobreexposición a estímulos visuales pueden tener en la salud mental, emocional y espiritual. El proceso de buscar satisfacción en lo físico, sin la dimensión emocional y afectiva, puede llevar a una desconexión tanto con la pareja como con la propia identidad sexual sana y equilibrada.

Postura y su efecto visual

La postura corporal juega un papel fundamental en la atracción sexual, y ciertos ángulos o movimientos pueden generar una fuerte respuesta en el cerebro masculino. Esto se debe a la manera en que el cerebro interpreta las señales visuales asociadas con la disponibilidad sexual, el deseo o el interés. Algunas posturas que se perciben como sensuales o provocativas pueden activar el sistema de recompensa en el cerebro masculino, impulsando la liberación de dopamina.

Curvas del cuerpo

Las posturas que resaltan las curvas del cuerpo femenino, como la postura arqueada hacia atrás o cuando se inclina ligeramente hacia adelante, pueden tener un gran impacto. Estas posturas ponen de relieve áreas que el cerebro masculino asocia con fertilidad y atracción sexual, como la cintura estrecha, las caderas amplias o el pecho. Los movimientos fluidos y sugerentes también pueden desencadenar una respuesta de excitación, ya que a nivel evolutivo estas señales pueden estar asociadas con la capacidad reproductiva.

Posturas abiertas

Las posturas en las que el cuerpo se muestra de forma abierta o expansiva, como las piernas ligeramente separadas o los brazos relajados sobre la cabeza, pueden ser interpretadas inconscientemente como señales de disponibilidad y receptividad, lo cual activa las áreas cerebrales relacionadas con el deseo y la atracción.

Ropa ajustada y estímulos visuales

La ropa ajustada, especialmente en el contexto de la ropa femenina, tiene un efecto directo sobre la excitación sexual masculina debido a que resalta las formas y contornos del cuerpo. La manera en que una prenda se adapta o se ajusta a las líneas naturales del cuerpo puede provocar una mayor atención y una respuesta visual más intensa.

Resaltar las curvas

Las prendas ajustadas, como pantalones, faldas o vestidos ceñidos, pueden resaltar las áreas del cuerpo como las caderas, los muslos, el abdomen o los senos, lo que permite al observador percibir más claramente la figura femenina. Esto activa un interés visual inmediato, ya que el cerebro de los hombres tiende a concentrarse en esas características asociadas con la atracción sexual. El hecho de que la ropa ajustada deje poco a la imaginación puede intensificar la percepción del deseo, al sugerir, más que mostrar, lo que se esconde debajo.

Ropa reveladora

La ropa ajustada también actúa como una forma de insinuación, ya que la prenda parece abrazar el cuerpo, pero no revela completamente la desnudez. Este tipo de ropa juega con la anticipación y la tensión sexual, creando una sensación de misterio y deseo. Prendas como leggings, faldas cortas o tops ajustados pueden ser especialmente efectivas porque, aunque ajustadas, pueden dejar suficiente espacio para que el cerebro masculino imagine lo que hay debajo, lo que genera una mayor estimulación.

El simbolismo de la ropa

A nivel psicológico, la ropa ajustada puede asociarse con un sentimiento de poder y control. Cuando una persona elige usar ropa que resalta sus curvas de manera más atrevida, puede percibirse como una señal de que está consciente de su atractivo sexual, lo que puede generar una mayor excitación en los demás. En muchos casos, los hombres pueden interpretar el uso de ropa ajustada como una señal de confianza o incluso de una invitación al deseo sexual, reforzando la excitación visual y emocional.

Conexión emocional y percepción del placer

El impacto de la ropa ajustada y las posturas en la excitación masculina no es solo físico, sino que también está fuertemente ligado a la percepción emocional que una persona tiene de la situación. La excitación visual no solo se activa por lo que se ve, sino por lo que se asocia emocionalmente con esos estímulos. Cuando un hombre ve una prenda que resalta las formas del cuerpo o una postura que le parece sensual, su cerebro puede interpretar eso no solo como un estímulo físico, sino como un "mensaje" que activa deseos emocionales o sexuales.

En este sentido, la ropa ajustada o las posturas provocativas pueden desencadenar pensamientos de deseo, fantasías sexuales, o incluso una conexión emocional con el objeto de atracción, si hay una relación más profunda con esa persona. Esta mezcla de lo físico y lo emocional genera una respuesta de excitación más intensa que puede ser difícil de ignorar.

El contexto cultural y social

Culturalmente, los estímulos visuales asociados con la ropa ajustada y las posturas seductoras han sido magnificados en los medios de comunicación, la moda y la publicidad. Las imágenes de mujeres con ropa ajustada, en posturas sugerentes, son comúnmente utilizadas para atraer la atención y generar una respuesta emocional en los espectadores. Esto, combinado con la biología natural del hombre, fortalece la atracción hacia estos estímulos.

Tanto la postura como la ropa ajustada tienen un impacto significativo en la excitación sexual masculina. Esto se debe a cómo el cerebro humano, especialmente el cerebro masculino, está programado para responder a los estímulos visuales, especialmente aquellos relacionados con la sexualidad. La ropa ajustada y las posturas que destacan las curvas del cuerpo femenino pueden activar el sistema de recompensas en el cerebro, liberando dopamina y provocando una excitación sexual inmediata.

Sin embargo, es importante señalar que la respuesta a estos estímulos también está influenciada por factores psicológicos, culturales y emocionales. La interacción entre la biología y la psicología crea un ciclo en el que los estímulos visuales, como la ropa ajustada y las posturas sensuales, juegan un papel crucial en la excitación sexual masculina.

Génesis 6 y la atracción

El capítulo 6 de Génesis ilustra el poderoso impacto que el atractivo físico de una mujer puede tener, incluso provocando acciones trascendentales y consecuencias significativas, como lo muestra la atracción de los "hijos de Dios" hacia las hijas de los hombres.

Este es el pasaje clave en el que se describe este evento:

> Aconteció que cuando comenzaron los hombres a multiplicarse sobre la faz de la tierra, y les nacieron hijas, que viendo los hijos de Dios que las hijas de los hombres eran hermosas, tomaron para sí mujeres, escogiendo entre todas. Y dijo Jehová: No contenderá mi espíritu con el hombre para siempre, porque ciertamente él es carne; mas serán sus días ciento veinte años. Había gigantes en la tierra en aquellos días, y también después que se llegaron los hijos de Dios a las hijas de los hombres, y les engendraron hijos. Estos fueron los valientes que desde la antigüedad fueron varones de renombre (Gn 6:1-4).

¿Qué nos dice la traducción exacta?

En hebreo, Génesis 6:2 usa la palabra *"bené Elohim"* para "hijos de Dios", lo que se puede traducir literalmente como "hijos de los dioses", un término que a menudo se asocia con seres celestiales o divinos en el Antiguo Testamento. La expresión "tomaron para sí mujeres" se traduce de *"laqach nashim"*, que implica una acción de tomar o elegir esposas, y resalta la idea de que estas mujeres fueron seleccionadas por su atractivo físico[1].

En los últimos años, he tenido la oportunidad de visitar varias iglesias y he observado con preocupación la falta de discernimiento y responsabilidad por parte de muchos pastores al permitir que las mujeres asistan a los cultos con ropa que, lamentablemente, incita la atención visual de manera inapropiada. He tenido conversaciones con numerosos hombres y jóvenes, y muchos de ellos han confesado que, en diversas ocasiones, se vieron obligados a desviar su mirada ante la presencia de hermanas que vestían ropa muy ajustada, lo cual claramente distrae y genera pensamientos no deseados. Este es un problema que, lamentablemente, muchos pastores no parecen reconocer o abordar adecuadamente. La indiferencia de algunos líderes espirituales en cuanto a esta cuestión es alarmante, ya que, en la casa de Dios, donde se supone que buscamos su presencia y nos acercamos en santidad, se debería prestar más atención a estas situaciones. Es fundamental que en la iglesia se fomente un ambiente que no solo sea de reverencia, sino también de respeto y responsabilidad hacia el cuerpo de Cristo, protegiendo la integridad de todos los miembros de la congregación. Hoy en día, la iglesia cristiana se ha transformado en un lugar donde, lamentablemente, la modestia y el respeto hacia los principios bíblicos parecen haber sido dejados de lado. Muchas veces, la vestimenta de algunas hermanas en la congregación se convierte en una pasarela de indecencia, ignorando el mandato de Pablo de vestir "decorosamente" (*cf.* 1 Ti 2:9). Para un

---

[1] Traducción palabra por palabra: "2·.} {ˈNLˈh" **(Ki tovot)**: "Que eran hermosas" o "porque eran buenas". *Ki* (2·.}) significa "porque" o "que", y *tovot* ({ˈNLˈh) es el plural femenino de *tov* ({LˈN), que significa "bueno", "hermoso" o "agradable". En este contexto, se entiende como "hermosas", pero también puede implicar que las mujeres eran deseables o agradables a la vista.

adicto a la pornografía, una iglesia evangélica puede llegar a ser incluso más peligrosa que el mundo exterior, ya que, en lugar de encontrar un refugio de santidad y comunión con Dios, se enfrenta a estímulos visuales que alimentan sus deseos desordenados. Es vital que los líderes y miembros de la iglesia comprendan la importancia de crear un ambiente que favorezca la pureza y la reverencia, tanto en el vestuario como en el comportamiento, para que todos puedan crecer espiritualmente sin ser arrastrados por tentaciones que pueden desviar su enfoque de Cristo.

El sistema de recompensa cerebral

Cuando un hombre ve imágenes que lo excitan, se activa su sistema de recompensa, especialmente una estructura cerebral llamada el núcleo accumbens. Este centro procesa la información relacionada con recompensas, motivación y placer. La dopamina se libera, creando una sensación de gratificación. Este sistema de recompensa está estrechamente relacionado con los estímulos visuales, lo que significa que las imágenes sensuales o sexuales pueden generar una fuerte respuesta emocional y física, como erecciones.

Condicionamiento visual y repetición

Con el tiempo, si un hombre se expone de manera repetida a ciertos tipos de imágenes sexuales o sugestivas, su cerebro se condiciona a asociar esos estímulos visuales con excitación. Este es un proceso conocido como condicionamiento clásico, donde una respuesta se desencadena automáticamente por una imagen o situación previamente asociada con el placer o el deseo sexual. Cuanto más fuerte y constante es la exposición, más intensa puede volverse la respuesta emocional o fisiológica, como el aumento del deseo sexual.

Evolución y atracción visual

Desde un punto de vista evolutivo, los hombres están naturalmente programados para buscar características visuales que indiquen fertilidad y salud en una pareja potencial. Por ejemplo, el cuerpo femenino con ciertas características como una figura en forma de reloj de arena, la piel suave y las características faciales simétricas, pueden desencadenar una respuesta de atracción visual. Estas señales son inconscientes en muchos casos, pero están profundamente arraigadas en la psicología evolutiva, asociadas con la reproducción y la perpetuación de la especie.

El impacto de la pornografía

El consumo de pornografía aumenta esta respuesta visual, ya que presenta imágenes explícitas de actividades sexuales que son diseñadas para generar una respuesta inmediata. La exposición constante a este tipo de material puede cambiar la manera en que los hombres experimentan la excitación, desensibilizándolos a estímulos sexuales más comunes o naturales, ya que buscan nuevas imágenes o situaciones que produzcan la misma intensidad de placer que las anteriores. Esto puede llevar a una dependencia de la excitación visual y a una alteración de las expectativas sexuales.

Excitación y fantasía

La excitación visual también puede estar vinculada a la fantasía sexual. Muchas veces, el simple acto de visualizar una imagen atractiva puede llevar al hombre a fantasear sobre escenarios sexuales, lo que amplifica la respuesta física. Es importante destacar que, en este contexto, las fantasías también pueden influir en cómo una persona responde visualmente, ya que lo que es excitante para una persona puede no serlo para otra, dependiendo de sus experiencias previas y sus deseos.

El ciclo de la excitación visual

En el caso de una persona que se expone a material pornográfico o estímulos visuales sexuales constantemente, la excitación visual puede volverse más intensa con la repetición. Sin embargo, este ciclo de gratificación inmediata y la búsqueda de nuevas imágenes puede llevar a la desensibilización: con el tiempo, el cerebro necesita más estimulación visual o imágenes más extremas para experimentar el mismo nivel de excitación. Esto puede resultar en la necesidad de material más explícito o en una desconexión emocional de la relación sexual real, que no cumple con las expectativas visuales construidas por el consumo de pornografía.

Efectos en las relaciones reales

Es importante señalar que la excitación visual puede ser problemática en las relaciones reales si un hombre llega a enfocarse únicamente en la estimulación visual. En una relación íntima, la verdadera conexión y satisfacción sexual involucra una interacción emocional y física, no solo la respuesta a imágenes visuales. La dependencia de la excitación visual puede llevar a un desinterés en la pareja real, en donde la conexión emocional y los aspectos íntimos de la relación se ven eclipsados por la búsqueda constante de estímulos visuales.

La excitación visual en los hombres está profundamente conectada con la biología del cerebro y el sistema de recompensa, pero también puede ser influenciada por factores sociales, culturales y de consumo de material pornográfico. El exceso de estímulos visuales, especialmente en la forma de pornografía, puede desensibilizar al cerebro y alterar las expectativas sobre la sexualidad y las relaciones reales. Como en todo aspecto de la vida humana, es fundamental encontrar un equilibrio entre la estimulación visual y el respeto por la conexión emocional y espiritual en una relación íntima.

CAPÍTULO 4:
LA PERSPECTIVA DE DIOS SOBRE LOS PECADOS DE CARÁCTER SEXUAL

¿Cuál es la perspectiva de Dios sobre los pecados de carácter sexual? Vamos a explorar esta cuestión.

Dado que la pornografía es un desencadenante poderoso de alteraciones sexuales y adicciones, a menudo lleva a la persona a practicar conductas sexuales que van más allá de lo natural y lo moralmente aceptable, tales como el homosexualismo, el incesto, el sexo extramatrimonial, el sexo oral, anal, la masturbación e incluso prácticas más extremas como la zoofilia. Estas conductas, que debemos considerar como pecados de carácter sexual, son claramente contrarias a los principios establecidos en las Escrituras.

Muchos pastores, especialmente en círculos pentecostales, sostienen la idea de que los pecados de carácter sexual, como la adicción a la pornografía, son siempre causados por ataduras demoníacas o posesiones. A menudo, estos líderes proponen que la solución al problema consiste únicamente en una "sesión de liberación" para expulsar supuestos demonios. Sin embargo, este enfoque no siempre resulta efectivo, ya que no aborda las raíces biológicas, psicológicas y emocionales profundas que sustentan las adicciones sexuales.

La verdad es que las adicciones, incluido el consumo de pornografía, involucran procesos complejos dentro del cerebro humano, relacionados con la neurociencia, la química cerebral, las experiencias emocionales y los hábitos aprendidos. Aunque el componente espiritual es sin duda relevante, especialmente en el contexto de la lucha contra el pecado y la tentación, limitar la explicación del problema a una simple posesión demoníaca no es realista ni efectivo en todos los casos.

De hecho, incluso en iglesias que no practican rituales de liberación ni creen en posesiones demoníacas, como las iglesias bautistas, o calvinistas, muchos miembros logran experimentar la liberación y la restauración a través de un proceso de arrepentimiento genuino, enseñanza bíblica sólida, apoyo comunitario y un esfuerzo constante para superar la adicción mediante medios prácticos y espirituales. Esto demuestra que la solución no es únicamente un acto sobrenatural, sino también un proceso integral que incluye el desarrollo de disciplina, autocontrol, renovación mental y, a menudo, intervención profesional en áreas como la consejería y la terapia.

Por lo tanto, la adicción a la pornografía no debe ser vista solo como una cuestión de "atadura demoníaca" que puede ser resuelta en una sola sesión de liberación. Es un desafío que involucra una combinación de factores espirituales, emocionales, psicológicos y físicos. Solo cuando se comprende esta complejidad y se abordan las causas profundas, a través de la oración, la disciplina cristiana y, en muchos casos, la intervención profesional, es posible experimentar una verdadera sanación y libertad.

Es importante reflexionar sobre lo que la Biblia dice acerca de la lucha contra el pecado y las adicciones, y cómo esto se relaciona con la enseñanza de la iglesia y la intervención en los problemas espirituales de los creyentes. Es cierto que la Biblia menciona las manifestaciones demoníacas, pero en cuanto a la cuestión de los cristianos luchando con pecados como la adicción a la pornografía o el adulterio, no existe un respaldo explícito de que estos sean problemas causados por "posesiones demoníacas" o "ataduras demoníacas", como se enseña en algunas tradiciones neopentecostales. En lugar de enfocarse en "liberación" de demonios, el Nuevo Testamento ofrece soluciones más prácticas y claras, centradas en el arrepentimiento, la disciplina cristiana y la restauración.

La iglesia de Éfeso es una de las comunidades menciona-das en el Nuevo Testamento que experimentó una serie de desafíos espirituales, y aunque en un principio fue una igle-sia activa y fiel, la Epístola de Pablo a los Efesios (y el men-saje que se encuentra en Apocalipsis) muestra indicios de decadencia en su relación con Dios.

La carta a los Efesios: advertencia de declive espiritual

En la Epístola de Pablo a los Efesios, no se menciona ex-plícita- mente una decadencia grave de la iglesia, pero Pablo sí hace varios llamados a la vigilancia, a la corrección de comportamientos y a la unidad en Cristo, lo que puede suge-rir que había señales de problemas subyacentes en la vida espiritual de la iglesia. Estos pasajes demuestran que, aunque los creyentes en Éfeso eran fieles, existían desafíos espiritua-les y conductuales que requerían atención.

> "Esto, pues, digo y afirmo en el Señor: que ya no andéis como los otros gentiles, que an-dan en la vanidad de su mente, entenebrecidos en su entendimiento, ajenos de la vida de Dios, por la ignorancia que en ellos hay, por la dure-za de su corazón; los cuales, habiendo perdido toda sensibilidad, se entregaron a la lascivia, para cometer con avidez toda clase de impure-za" (Ef 4:17-19)

En este pasaje, Pablo advierte contra la actitud y el com-portamiento de los gentiles que no conocen a Dios, pero también implica que incluso los creyentes pueden caer en prácticas impuras si no se cuidan. El llamado a la santidad y a la pureza es una respuesta a una posible laxitud moral que estaba afectando la vida cristiana de algunos miembros de la iglesia.

> "Sed, pues, imitadores de Dios como hijos amados; y andad en amor, como también Cris-

> to nos amó y se entregó a sí mismo por noso-
> tros, ofrenda y sacrificio a Dios en olor fragan-
> te. Pero fornicación y toda inmundicia o avari-
> cia ni aún se nombre entre vosotros, como
> conviene a santos; ni palabra torpe, ni injuria,
> ni chismes, ni jactancia, ni necedades, que no
> convienen, sino antes bien acciones de gracias.
> Porque sabéis esto: que ningún fornicario, o
> impuro, o avaro, que es idólatra, tiene herencia
> en el reino de Cristo y de Dios" (Ef 5:1-5).

Aquí Pablo insta a los creyentes a dejar atrás comportamientos pecaminosos que incluyen la fornicación, la impure-
za y la avaricia. Estas son señales de una posible decadencia
espiritual dentro de la iglesia, donde algunas personas no
estaban viviendo conforme al llamado de santidad.

En las epístolas de Pablo, la solución a los pecados sexuales se centra en un enfoque integral que incluye arrepentimiento, transformación del corazón, disciplina dentro de la
iglesia, y una vida de pureza, santidad y autocontrol. A continuación, se describen las soluciones y enseñanzas clave que
Pablo ofrece en sus cartas sobre cómo abordar los pecados
sexuales.

Arrepentimiento y cambio de corazón (mentalidad)

> "¿No sabéis que los injustos no heredarán
> el reino de Dios? No erréis: ni los fornicarios,
> ni los idólatras, ni los adúlteros, ni los afemi-
> nados, ni los que se echan con varones, ni los
> ladrones, ni los avaros, ni los borrachos, ni los
> maldicientes, ni los estafadores heredarán el
> reino de Dios. Y esto erais algunos de voso-
> tros; pero ya habéis sido lavados, ya habéis si-
> do santificados, ya habéis sido justificados en
> el nombre del Señor Jesucristo y en el Espíritu
> de nuestro Dios" (1 Co 6:9-11).

Solución de Pablo: Pablo llama al arrepentimiento, a dejar atrás la vida pasada de pecado y a ser transformados por el poder de Cristo. La solución comienza con un cambio de mentalidad y una transformación interna, que se evidencia en la forma en que se vive. Es importante recordar que, a pesar de los pecados cometidos, la gracia de Cristo ofrece perdón y renovación.

Vivir de acuerdo con el Espíritu, no a la carne

"Así que, hermanos, deudores somos, no a la carne, para que vivamos conforme a la carne; porque si vivís conforme a la carne, moriréis; pero si por el Espíritu hacéis morir las sobras de la carne, viviréis" (Ro 8:12-13).

Solución de Pablo: Pablo enseña que, si bien los cristianos son tentados, la solución es vivir conforme al Espíritu y no conforme a los deseos carnales. La clave está en someter las pasiones y deseos de la carne a la dirección del Espíritu Santo, buscando la santidad y el autocontrol.

El cuerpo como templo del Espíritu Santo

"Huid de la fornicación. Cualquier otro pecado que el hombre comete está fuera del cuerpo; pero el que fornica contra su propio cuerpo peca. ¿O no sabéis que vuestro cuerpo es templo del Espíritu Santo, el cual está en vosotros, el cual tenéis de Dios, y que no sois vuestros? Porque habéis sido comprados por precio; glorificad, pues, a Dios en vuestro cuerpo y en vuestro espíritu, los cuales son de Dios" (1 Co 6:18-20)

Solución de Pablo: Pablo resalta la importancia de comprender que nuestros cuerpos pertenecen a Dios y son morada del Espíritu Santo. Por lo tanto, debemos cuidar nuestros cuerpos y abstenernos de prácticas sexuales inmorales, como la fornicación, que deshonran a Dios. La santidad del cuerpo debe ser un recordatorio constante de que nuestras vidas están dedicadas a glorificar a Dios.

Huida de la tentación

"Huid de la fornicación" (1 Co 6:18)

Solución de Pablo: La solución más directa de Pablo es huir de la tentación sexual. En lugar de enfrentarse a la tentación con la idea de controlarla, Pablo aconseja que los creyentes se alejen de situaciones que puedan inducir al pecado. La acción de huir implica evitar los lugares, las personas y las circunstancias que propician el pecado sexual.

Autocontrol y control de la carne

"Antes bien, golpeo mi cuerpo y lo pongo en servidumbre, no sea que habiendo sido heraldo para otros, yo mismo venga a ser eliminado" (1 Co 9:27).

Solución de Pablo: El autocontrol es fundamental para superar el pecado sexual. Pablo muestra un ejemplo personal de cómo se somete a su cuerpo y sus deseos carnales para vivir una vida en obediencia a Dios. Los cristianos deben practicar la disciplina y el autocontrol, especialmente en lo que respecta a las pasiones sexuales.

La santidad en el matrimonio

"Honroso sea en todos el matrimonio, y el lecho sin mansilla; pero a los fornicarios y a los adúlteros los juzgará Dios" (Heb 13:4).

Solución de Pablo: Pablo resalta la importancia del matrimonio como un lugar santo y honroso, y la relación sexual dentro del matrimonio es buena y debe ser protegida. El adulterio y la fornicación son pecados graves que se deben evitar. El compromiso de fidelidad dentro del matrimonio es una forma de honrar a Dios.

Disciplinar a los miembros en pecado sexual

> "Ciertamente se oye que hay entre vosotros fornicación, y tal fornicación cual ni aun se nombra entre los gentiles, que uno tenga la mujer de su padre. Y vosotros estáis envanecidos; no debierais más bien haberos lamentado, para que el que cometió tal acción sea quitado de en medio de vosotros" (1 Co 5:1-5)

Solución de Pablo: La disciplina dentro de la iglesia es una forma de tratar el pecado sexual dentro de la comunidad cristiana. En el caso de un miembro que vive en pecado notorio, Pablo insta a la iglesia a tomar medidas severas para mantener la pureza de la comunidad. La solución no es ignorar el pecado, sino confrontarlo y, si es necesario, excluir al miembro hasta que se arrepienta y se restablezca.

Vivir una vida en la luz, no en las tinieblas

> "Pero fornicación y toda inmundicia o avaricia ni aun se nombre entre vosotros, como conviene a santos; ni palabras deshonestas, ni necedades, ni jactancias, que no convienen, sino antes bien acciones de gracias… Porque en otro tiempo erais tinieblas, pero ahora sois luz en el Señor; andad como hijos de luz" (Ef 5:3-8).

Solución de Pablo: Pablo insta a los creyentes a vivir en la luz, lo que significa vivir una vida santa y pura. Deben abandonar las obras de las tinieblas, que incluyen la fornicación y la inmundicia, y caminar en la luz de la santidad que les ha sido otorgada en Cristo.

Considerar los cuerpos como miembros de Cristo

> "¿No sabéis que vuestros cuerpos son miembros de Cristo? ¿Quitaré, pues, los miembros de Cristo y los haré miembros de una ramera? ¡De ninguna manera!" (1 Co 6:15-16)

Solución de Pablo: El hecho de que los cuerpos de los creyentes sean miembros de Cristo debe llevarlos a vivir de manera coherente con esa realidad. La relación sexual con una prostituta o cualquier otra forma de inmoralidad sexual es incompatible con la identidad del creyente como miembro de Cristo.

En resumen, la solución que Pablo ofrece frente a los pecados sexuales es una combinación de arrepentimiento genuino, transformación del corazón por el poder del Espíritu Santo, autocontrol y disciplina personal, huir de la tentación, vivir de acuerdo con los principios de la santidad en Cristo, y en algunos casos, disciplina dentro de la iglesia. Todo esto está diseñado para restaurar la pureza moral y espiritual de los creyentes, ayudándoles a vivir vidas que honren a Dios y a su llamado a la santidad.

¿Qué opina Cristo de los pecados sexuales?

Jesucristo, en su enseñanza y ministerio, abordó los pecados sexuales de manera directa y profunda, enfatizando la pureza del corazón y la santidad en las relaciones humanas. Su enfoque fue tanto radical como transformador, ya que no solo trató con el comportamiento externo, sino con las actitudes y pensamientos internos que conducen al pecado sexual. A continuación, se presentan algunos de los puntos clave sobre lo que Cristo enseñó respecto a los pecados sexuales.

El pecado comienza en el corazón

En el contexto de la Biblia, cuando se menciona "corazón", tiene un significado mucho más profundo y amplio que simple- mente el órgano físico. La palabra "corazón" en las Escrituras se utiliza para describir la parte más interna y esencial del ser humano, e involucra varios aspectos de nuestra vida emocional, mental y espiritual.

Significado literal de "corazón" en el hebreo y griego

En el Antiguo Testamento, la palabra hebrea para "corazón" es "3⇌N" (lev). En el Nuevo Testamento, la palabra griega que se utiliza es *"καρ6ία"* (kardia), de la que proviene nuestra palabra "cardiología". Ambas palabras tienen connotaciones que van más allá de la parte física del cuerpo, y se refieren principalmente al centro de las emociones, los pensamientos, la voluntad y la moralidad del ser humano.

- **En hebreo (3⇌N, lev)**: Se refiere no solo al órgano físico, sino también al centro de la personalidad, donde se toman las decisiones, y donde residen los deseos, pensamientos y emociones.
- **En griego (καρ6ía, kardia)**: Al igual que en hebreo, se refiere a la sede del pensamiento, la voluntad y la razón, y también está asociado con el lugar donde se origina la voluntad moral y el deseo.

El corazón en la Biblia

El "corazón" es descrito como el centro de las decisiones del ser humano. Es el lugar donde se toman las decisiones más profundas, los pensamientos y los deseos, y también donde se forjan las intenciones que guían la vida de una persona. A continuación, se describen algunos aspectos importantes de lo que el "corazón" representa en las Escrituras.

El corazón como el centro de los pensamientos y sentimientos

El corazón es visto como el lugar donde se originan los pensamientos, emociones y actitudes hacia las demás personas y hacia Dios. Jesús, por ejemplo, enseña que no es lo que entra en la boca lo que contamina al hombre, sino lo que sale de su corazón, porque del corazón provienen los pensamientos y las malas acciones.

> "Pero lo que sale de la boca, del corazón sale; y esto contamina al hombre. Porque del corazón salen los malos pensamientos, los homicidios, los adulterios, las fornicaciones, los robos, los falsos testimonios, las blasfemias" (Mt 15:18-19).

En este pasaje, Jesús muestra que el corazón es el origen de las malas acciones. Lo que pensamos y deseamos en lo más profundo de nuestro ser es lo que eventualmente se manifiesta en nuestras actitudes y comportamientos.

El corazón como el centro de la voluntad y la decisión moral

El corazón también se refiere al lugar donde tomamos decisiones. Es el asiento de nuestra voluntad y de nuestra capacidad para hacer elecciones morales.

> "Sobre toda cosa guardada, guarda tu corazón; Porque de él mana la vida" (Pr 4:23).

Este versículo subraya la importancia de proteger y cuidar el corazón, ya que de él emanan las decisiones y acciones que guían nuestra vida.

El corazón como la sede de la adoración y la relación con Dios

El corazón es fundamental en la relación con Dios, y es el lugar donde se alinea nuestra voluntad con la voluntad divina.

En varias partes de la Biblia, se enfatiza que Dios no está interesado en simples actos externos de adoración, sino en un corazón sincero y recto.

> "Crea en mí, oh Dios, un corazón limpio, y renueva un espíritu recto dentro de mí" (Salmo 51:10)

David pide a Dios que le dé un corazón limpio y renovado, mostrando que es el corazón el que debe estar dispuesto a seguir a Dios de manera sincera.

Implicaciones prácticas en el contexto de los pecados sexuales

En los textos que mencionan el corazón, como Mateo 5:27- 28 donde Jesús dice *"cualquiera que mira a una mujer para codiciarla ya adulteró con ella en su corazón"*, el "corazón" es considerado el lugar donde nacen las intenciones impuras. El acto de codiciar, o de tener deseos impuros, es considerado un pecado en el corazón, aunque no se haya llevado a cabo físicamente el acto de adulterio.

Esto nos muestra que la pureza del corazón es esencial para vivir conforme a la voluntad de Dios. El pecado sexual no comienza con el acto en sí, sino con el deseo en el corazón. Así, cuidar y purificar el corazón es fundamental para vivir en santidad.

En la Biblia, el "corazón" tiene un significado mucho más profundo que simplemente el órgano físico. Es el centro de nuestros pensamientos, sentimientos, voluntad, intenciones y acciones. Cuando se habla del corazón en relación con el pecado sexual, como en el caso de Jesús que enseña que el adulterio comienza en el corazón, se está refiriendo a la fuente de nuestros deseos más profundos. Por lo tanto, el corazón debe ser guardado con diligencia, ya que lo que alberga en su interior tiene un impacto directo en nuestra vida espiritual y moral.

En el Sermón del Monte, Jesús amplió la enseñanza sobre el pecado sexual, no solo condenando los actos de adulterio y fornicación, sino también los pensamientos y deseos impuros. De acuerdo con Jesús, no es solo el acto de adulterar lo que es pecado, sino también el deseo inmoral en el corazón.

> "Oísteis que fue dicho: No cometerás adulterio. Pero yo os digo que cualquiera que mira a una mujer para codiciarla ya adulteró con ella en su corazón" (Mt 5:27-28)

Jesús revela que el pecado sexual no se limita al acto físico, sino que comienza en el pensamiento y el deseo. El mirar con lujuria a una persona, sin importar si se lleva a cabo el acto físico, ya es considerado un pecado ante Dios. Esto recalca la importancia de la pureza de corazón y de mente en la vida cristiana.

La gravedad del adulterio

Jesucristo también enseñó que el adulterio es un pecado grave, ya que destruye la unidad y la fidelidad en el matrimonio, que es un reflejo del amor y la fidelidad entre Cristo y la iglesia. A través de sus palabras, Jesús reafirmó la santidad y el propósito de la relación matrimonial, condenando cualquier tipo de infidelidad.

> "Él respondió y les dijo: No habéis leído que el que los hizo al principio, macho y hembra los hizo, y dijo: Por esto el hombre dejará padre y madre, y se unirá a su mujer, y los dos serán una sola carne. Así que no son ya dos, sino una sola carne. Por tanto, lo que Dios juntó, no lo separe el hombre" (Mt 19:4-6).

En este pasaje, Jesús refuerza la visión original del matrimonio como una relación entre un hombre y una mujer, y condena la ruptura de esta unión mediante el adulterio. La enseñanza es clara: el matrimonio es un pacto sagrado, y el adulterio no solo es una transgresión moral, sino una violación de la ley divina.

El perdón y la restauración para los que se arrepienten

Aunque Jesús es firme en su condena del pecado sexual, también deja claro que hay perdón y restauración para aquellos que se arrepienten sinceramente. La misericordia de Dios es grande, y Cristo mostró compasión hacia los pecadores, ofreciendo perdón y nueva vida.

En Juan 8:3-11, el conocido pasaje sobre la mujer adúltera, los fariseos trajeron ante Jesús a una mujer sorprendida en adulterio, esperando que él la condenara. Sin embargo, Jesús, al decir *"el que esté sin pecado, que tire la primera piedra"*, desafió a los acusadores a reconocer su propia culpabilidad. Finalmente, dijo a la mujer:

"Ni yo te condeno; vete, y no peques más".

Este acto de compasión no significa que Jesús minimizara la gravedad del pecado, sino que ofreció perdón y una nueva oportunidad. Su mensaje es claro: el arrepentimiento sincero trae la restauración y el perdón de Dios.

La pureza sexual en el matrimonio y la soltería

En varias ocasiones, Jesús habló de la importancia de la pureza sexual, tanto para aquellos que están casados como para los que no lo están. El propósito de la vida cristiana es vivir en pureza y santidad, reflejando el amor y la fidelidad de Dios en todas las áreas de la vida.

"También fue dicho: Cualquiera que repudie a su mujer, dele carta de divorcio. Pero yo os digo que el que repudia a su mujer, excepto por causa de fornicación, hace que ella adultere; y el que se casa con la repudiada, comete adulterio" (Mt 5:31-32).

Jesús reafirma la santidad del matrimonio, señalando que el divorcio, especialmente por razones de inmoralidad sexual, es una violación del diseño de Dios para el matrimonio. Además, los cristianos deben honrar el pacto matrimonial y mantenerse fieles a su cónyuge.

La santidad y el cuerpo como templo del Espíritu

En su enseñanza, Jesús también subraya la importancia de la pureza del cuerpo. Si bien estos pasajes a menudo se citan en las cartas de Pablo, reflejan la enseñanza general de Cristo sobre la santidad del cuerpo y la necesidad de vivir una vida sexualmente pura.

Leamos estas palabras de Pablo inspiradas por Jesús:

> "¿O no sabéis que vuestro cuerpo es templo del Espíritu Santo, el cual está en vosotros, el cual tenéis de Dios, y que no sois vuestros? Porque habéis sido comprados por precio; glorificad, pues, a Dios en vuestro cuerpo y en vuestro espíritu, los cuales son de Dios" (1 Co 6:19-20)

La idea es que el cuerpo humano no es un objeto para el placer personal, sino un recipiente sagrado para el Espíritu Santo. Por lo tanto, debemos evitar el pecado sexual que puede corromper y contaminar el cuerpo, recordando siempre que somos propiedad de Dios.

Jesucristo enseña que el pecado sexual es una transgresión grave que afecta tanto la relación con Dios como con los demás. Sin embargo, Él también ofrece la gracia, el perdón y la restauración a aquellos que se arrepienten sinceramente. La clave está en vivir con pureza, guardando nuestros corazones y cuerpos, y honrando el plan de Dios para la sexualidad. La solución no solo radica en evitar los actos de pecado, sino en transformar el corazón y vivir conforme a la voluntad de Dios, buscando su santidad y justicia en todas las áreas de la vida.

Los pecados e impurezas sexuales que Dios más aborrece

La Biblia, tanto en el Antiguo como en el Nuevo Testamento, habla sobre varios pecados e impurezas sexuales que son más aborrecidos por Dios. Estos pecados no solo afectan la relación de una persona con su prójimo, sino que también interfieren en la relación de esa persona con Dios. A continuación, se enumeran algunos de los pecados e impurezas sexuales que la Biblia menciona explícitamente, basándome en las enseñanzas tanto del Antiguo como del Nuevo Testamento.

Adulterio

El adulterio es uno de los pecados sexuales más aborrecidos en la Biblia, ya que es una violación del compromiso matrimonial, que es considerado un pacto sagrado. En el Antiguo Testamento, el adulterio es severamente castigado.

"No cometerás adulterio" (Ex 20:14)

"Oísteis que fue dicho: No cometerás adulterio; pero yo os digo que cualquiera que mira a una mujer para codiciarla, ya adulteró con ella en su corazón" (Mt 5:27-28)

Fornicación

La fornicación se refiere a tener relaciones sexuales fuera del matrimonio, y es vista en las Escrituras como un pecado que destruye la santidad y pureza de la relación con Dios.

"Huid de la fornicación. Cualquier otro pecado que el hombre comete, está fuera del cuerpo; pero el que fornica, contra su propio cuerpo peca" (1 Co 6:18).

> "Porque esta es la voluntad de Dios, vuestra santificación; que os apartéis de la fornicación" (1 Te 4:3)

Homosexualidad (relaciones del mismo sexo)

Las relaciones homosexuales son claramente condenadas en la Biblia, tanto en el Antiguo como en el Nuevo Testamento. La práctica homosexual se ve como una transgresión contra el diseño natural de Dios para la sexualidad.

> "No te acostarás con varón como con mujer; es abominación" (Lv 18:22)

> "Por eso Dios los entregó a pasiones vergonzosas; pues hasta sus mujeres cambiaron el uso natural por el que es contra naturaleza; y de igual manera también los hombres, dejando el uso natural de la mujer, se encendieron en su lascivia unos con otros, cometiendo hechos vergonzosos hombres con hombres, y recibiendo en sí mismos la retribución debida a su error" (Ro 1:26-27)

Incesto

El incesto (relaciones sexuales entre familiares cercanos) está prohibido en la Biblia, ya que se considera una grave violación de las leyes de pureza sexual.

> "Nadie se acercará a su parienta para descubrir su desnudez. Yo soy el Señor" (Lv 18:6-18)

Además, se dan detalles específicos sobre las relaciones prohibidas entre familiares.

Prostitución

La prostitución es vista como una práctica inmoral y deshonrosa. En varios pasajes, Dios condena tanto el acto de prostitución como la involucración con prostitutas.

> "¿No sabéis que vuestros cuerpos son miembros de Cristo? Tomaré, pues, los miembros de Cristo y los haré miembros de una ramera? De ningún modo" (1 Co 6:15-16)

> "Y he aquí, una mujer le sale al encuentro, con atavío de ramera y astuta de corazón" (Pr 7:10-12).

Masturbación

Aunque la masturbación no es directamente mencionada en la Biblia, se asocia a menudo con impurezas sexuales. La Biblia enseña que debemos mantener nuestros pensamientos puros y castos, y cualquier forma de sexualidad que no esté dentro del marco del matrimonio entre hombre y mujer es vista como impura.

> "Pero yo os digo que cualquiera que mira a una mujer para codiciarla ya adulteró con ella en su corazón" (Mt 5:28).

Lujuria (codiciar sexualmente a otra persona)

La lujuria es el deseo y el pensamiento impuro hacia otra persona, algo que Jesús aborda con severidad. Este pecado es especialmente problemático porque comienza en el corazón y la mente, antes de convertirse en una acción externa.

> "Oísteis que fue dicho: No cometerás adulterio; pero yo os digo que cualquiera que mira a una mujer para codiciarla, ya adulteró con ella en su corazón" (Mt 5:27-28).

> "Y manifiestas son las obras de la carne, que son: adulterio, fornicación, inmundicia, lascivia (…)" (Gál 5:19).

Bestialismo (zoofilia)

El bestialismo, que implica prácticas sexuales con animales, es explícitamente condenado en la Biblia.

"No te acostarás con animal alguno para prostituirte con él; ni la mujer se pondrá delante de un animal para ayuntarse con él; es confusión" (Lv 18:23).

Sexo oral y anal

Aunque la Biblia no menciona específicamente el sexo oral o anal, las enseñanzas sobre la pureza sexual y el respeto hacia el cuerpo humano indican que cualquier acto sexual que no sea dentro del marco del matrimonio entre un hombre y una mujer es considerado inmoral.

"Honroso sea en todos el matrimonio, y el lecho sin mansilla; pero a los fornicarios y a los adúlteros los juzgará Dios" (Heb 13:4).

Infidelidad (el pecado del adulterio espiritual)

Aunque no es estrictamente un pecado sexual, la infidelidad hacia Dios se menciona en la Biblia como un tipo de adulterio espiritual. Esto puede incluir idolatría, adulterio con dioses falsos o el apartarse de la fe en Cristo.

"¡Oh almas adúlteras! ¿No sabéis que la amistad con el mundo es enemistad con Dios? Cualquiera, pues, que quiera ser amigo del mundo, se constituye enemigo de Dios" (Stg 4:4)

Dios condena toda forma de inmoralidad sexual porque atenta contra su diseño original de la sexualidad, que está destinada a ser disfrutada dentro del matrimonio entre un hombre y una mujer. Los pecados sexuales y las impurezas no solo son una transgresión contra las leyes divinas, sino que también tienen efectos devastadores en las relaciones humanas y en la relación de la persona con Dios. La Biblia nos llama a vivir con pureza, santidad y autocontrol, y a honrar a Dios con nuestros cuerpos y nuestra sexualidad.

Es importante tratar con mucho cuidado y responsabilidad temas relacionados con la interpretación bíblica y la aplicación teológica de conceptos como la liberación espiritual, el pecado y la responsabilidad personal. La enseñanza bíblica no apoya la noción de que los cristianos sean poseídos por un "espíritu de adulterio" o "espíritu de fornicación" como tal, ni el concepto de que la solución para estos pecados sea una liberación espiritual mediante oraciones para expulsar demonios.

A continuación, se presenta una reflexión sobre la perspectiva bíblica que enfatiza la responsabilidad personal en la lucha contra el pecado sexual, la cual no implica que estos pecados sean siempre una manifestación de posesión demoníaca. La Escritura subraya el llamado al arrepentimiento y la transformación personal a través del poder del Espíritu Santo, y no a través de prácticas de liberación que no están directamente mencionadas en relación con estos pecados.

Responsabilidad personal

En diversas partes del Nuevo Testamento, se nos exhorta a tomar responsabilidad personal sobre nuestras acciones.

En 1 Corintios 6:18-20, Pablo habla sobre la importancia de huir de la inmoralidad sexual, recordando a los creyentes que su cuerpo es templo del Espíritu Santo. Aquí no se menciona un "espíritu de inmoralidad", sino un llamado a la pureza y la santidad personal, y a la toma de decisiones conscientes:

> "Huid de la fornicación. Cualquier otro pecado que el hombre comete está fuera del cuerpo; pero el que fornica contra su propio cuerpo peca. ¿O ignoráis que vuestro cuerpo es templo del Espíritu Santo, el cual está en vosotros, el cual tenéis de Dios, y que no sois vuestros?" (1 Co 6:18-19).

Arrepentimiento y lucha constante

La Biblia hace hincapié en que los cristianos deben luchar contra el pecado a través de la gracia de Dios y el poder del

Espíritu Santo, pero siempre asumiendo responsabilidad por su comportamiento. En 1 Corintios 10:13, Pablo menciona que, aunque las tentaciones son comunes, Dios provee un camino de escape, lo que implica que los creyentes deben estar alerta y resistir las tentaciones:

> "No os ha sobrevenido ninguna tentación que no sea humana; pero fiel es Dios, que no os dejará ser tentados más de lo que podáis resistir, sino que dará también juntamente con la tentación la salida, para que podáis soportar".

La necesidad de vivir en santidad

En Efesios 5:3-5, Pablo da instrucciones claras sobre la pureza sexual, mencionando que el pecado sexual no debe formar parte de la vida de un creyente. Nuevamente, no se menciona un "espíritu demoníaco", sino un mandamiento directo de vivir de acuerdo a los estándares de Dios:

> "Pero fornicación y toda inmundicia o avaricia ni aun se nombre entre vosotros, como conviene a santos; ni tampoco palabras deshonestas, ni necedades, ni truhanerías, que no convienen, sino antes bien acciones de gracias" (Ef 5:3-4).

El llamado al arrepentimiento

En Apocalipsis 2:20-22, cuando se refiere a la falsa profetisa Jezabel que incita a la iglesia a la inmoralidad, Cristo no habla de un "espíritu de Jezabel" en los creyentes, de hecho, el concepto del "espíritu de Jezabel" no se encuentra respaldado en ningún versículo de la Biblia, sino que insta al arrepentimiento directo de los que han caído en la inmoralidad sexual. El llamado es a la restauración mediante el arrepentimiento genuino, no una liberación demoníaca:

> "Pero tengo contra ti que toleras a esa mujer Jezabel, que se dice profetisa, y enseña y seduce a mis siervos a fornicar y a comer cosas

> sacrificadas a los ídolos. Y le he dado tiempo
> para que se arrepienta, pero no quiere arrepen-
> tirse de su fornicación" (Ap 2:20-21).

En resumen, en la Biblia, el llamado a los cristianos frente al pecado sexual es claro: huir de la inmoralidad, vivir en santidad, arrepentirse y tomar responsabilidad personal. No se habla de la necesidad de "liberación" o de la expulsión de "espíritus" relacionados con el pecado sexual. En cambio, se nos recuerda que el pecado sexual, como cualquier otro pecado, puede ser superado mediante la ayuda del Espíritu Santo, la gracia de Dios y la disposición del creyente a luchar contra el pecado con esfuerzo personal.

El caso de David, tal como se presenta en la Biblia, es un claro ejemplo de cómo el pecado sexual no es resultado de un "espíritu de adulterio" o posesión demoníaca, como algunas enseñanzas modernas sugieren, sino de una caída moral por decisiones propias.

David, el rey de Israel, cometió adulterio con Betsabé, la esposa de Urías, un hombre fiel a él que estaba en el campo de batalla. El pecado de David fue más allá del adulterio, ya que, al enterarse de que Betsabé estaba embarazada, urdió un plan para que su esposo muriera en combate, lo que finalmente ocurrió (*cf.* 2 Sam 11:1-27). Aquí se evidencia una serie de malas decisiones: la tentación inicial del adulterio, el engaño y finalmente el crimen.

Lo significativo del relato es que, a pesar de su pecado, David no fue poseído por un "espíritu de adulterio", sino que actuó por su propia voluntad, cediendo a la tentación. Cuando el profeta Natán lo confrontó y le reveló la gravedad de su pecado (*cf.* 2 Sam 12:1-14), David mostró un arrepentimiento genuino, diciendo: *"He pecado contra el Señor"* (2 Sam 12:13).

La respuesta de Dios a David fue clara: le perdonó, pero también le advirtió que las consecuencias de su pecado serían graves y afectarían su vida y su familia. David no fue liberado de una "atadura demoníaca", sino que se arrepintió y asumió la responsabilidad de su pecado. Esto es un ejemplo claro de cómo la solución ante el pecado sexual, o cualquier otro pecado, es el arrepentimiento genuino y la restauración a través de la gracia de Dios.

Este pasaje demuestra que el pecado no es algo que ocurre por influencia de un espíritu maligno que toma control de una persona, sino por las decisiones personales que uno toma. La verdadera solución es el arrepentimiento y la transformación del corazón. La Biblia nunca sugiere que el pecado sexual es causado por una fuerza externa, sino que es una consecuencia de las pasiones humanas desordenadas que solo se pueden superar con la ayuda de Dios y el arrepentimiento sincero.

Este caso es uno de los más evidentes y claros

En el pasaje de Apocalipsis 2:20-23, donde Cristo se dirige a la iglesia de Tiatira, encontramos una crítica seria hacia una mujer que se autodenomina profetisa, a quien se le acusa de enseñar prácticas inmorales, como la fornicación y el consumo de alimentos sacrificados a los ídolos. Esta mujer, identificada como "Jezabel", no solo estaba promoviendo estas prácticas, sino que también estaba llevando a muchos creyentes por el camino de la inmoralidad y el pecado.

Lo que es significativo en este pasaje es que Jesucristo, en lugar de mencionar una liberación espiritual o una "expulsión de demonios", hace un llamado claro al arrepentimiento personal y voluntario. Jesús no sugiere que la solución al pecado sexual y la idolatría sea una intervención sobrenatural o una liberación mágica de ataduras demoníacas. En lugar de eso, Él le dice a los creyentes que, si han caído en el pecado por influencia de esta falsa profetisa, deben arrepentirse y abandonar esa vida de inmoralidad.

El llamado al arrepentimiento

Jesucristo deja en claro que le dio tiempo a la mujer "Jezabel" para que se arrepintiera de sus enseñanzas erróneas y su comportamiento inmoral (*cf.* Ap 2:21). Dios, en su misericordia, siempre da tiempo para el arrepentimiento y el cambio genuino. Sin embargo, la negativa de Jezabel a arrepentirse muestra que el pecado no es forzado por una "posesión demoníaca", sino que es una decisión consciente y voluntaria de seguir un camino de inmoralidad y rebelión. Este llamado al arrepentimiento no solo es para Jezabel, sino también para aquellos que han caído en el pecado bajo su influencia.

La responsabilidad personal

El pasaje enfatiza que la solución para los que se han dejado llevar por la inmoralidad no es una intervención externa como una liberación espiritual, sino una decisión personal y consciente de abandonar esas prácticas.

> "Los que cometen adulterio con ella sufrirán terriblemente, a menos que se arrepientan y abandonen las maldades de ella" (Ap 2:22).

Aquí no hay mención de que estos individuos necesiten una liberación especial o liberación del "espíritu de adulterio", sino que la respuesta es el arrepentimiento personal y el abandono de esos pecados.

La disciplina divina

Jesucristo también menciona la severa disciplina que se seguirá si no hay arrepentimiento. Aquellos que siguen el camino de Jezabel y se niegan a arrepentirse, enfrentan consecuencias terribles, como sufrimiento físico y espiritual.

> "La arrojaré en una cama de sufrimiento (…) Heriré de muerte a sus hijos" (Ap 2:22-23).

Este juicio no es algo que se pueda evitar a través de una liberación inmediata, sino que es el resultado natural de una vida que persiste en el pecado y la rebelión contra la voluntad de Dios.

La clave es el arrepentimiento genuino

La advertencia de Jesucristo es clara: el arrepentimiento genuino y la voluntad de abandonar las prácticas pecaminosas son lo que Dios requiere para restaurar la relación con Él. Esto no es algo que se logre con oraciones de liberación o ritos espirituales, sino con una decisión personal de dejar atrás el pecado y volver al camino de la santidad.

El enfoque en las intenciones del corazón

En el versículo 23, Cristo dice que Él examina "los pensamientos y las intenciones de cada persona", lo que implica que el arrepentimiento genuino no es simplemente una acción externa, sino un cambio profundo del corazón. Jesús no está interesado en una mera modificación del comportamiento, sino en una transformación interior que conduzca a un abandono del pecado y a una vida nueva en Él.

Conclusión

Este pasaje nos enseña que la solución para los pecados sexuales y las inmoralidades no es una liberación sobrenatural o una intervención de tipo demoníaco, sino un llamado claro al arrepentimiento personal y a la renuncia voluntaria al pecado. La responsabilidad está en cada creyente: abandonar los caminos de pecado, arrepentirse de corazón y volver a vivir según los principios del Reino de Dios. El mensaje es claro: la solución está en la voluntad de la persona de dejar atrás el pecado, no en depender de "liberaciones" para resolver lo que es, en última instancia, una cuestión de decisiones personales y obediencia a la Palabra de Dios.

El arrepentimiento

El arrepentimiento es un concepto central en la vida cristiana y se refiere a un cambio profundo de corazón y mente hacia el pecado y hacia Dios. En la Biblia, el arrepentimiento no es simplemente un sentimiento de remordimiento o culpa, sino una decisión consciente de volverse de manera completa de las malas acciones y pensamientos, buscando una transformación interior que conlleve un cambio de vida. A continuación, se describen los aspectos clave del arrepentimiento según las enseñanzas bíblicas.

Cambio de mente y corazón

El arrepentimiento comienza con un cambio de pensamiento. En el griego del Nuevo Testamento, la palabra usada para arrepentimiento es *"metanoia"* (fls عب ásola), que literalmente significa "cambio de mente". Esto implica un giro radical en cómo vemos el pecado, las consecuencias del pecado y nuestra relación con Dios. No se trata solo de sentir remordimiento por las malas decisiones, sino de un reconocimiento consciente de que el pecado nos separa de Dios y que necesitamos su perdón. Jesús mismo llama al arrepentimiento en los Evangelios, diciendo:

> "Arrepentíos, porque el reino de los cielos
> se ha acercado" (Mt 4:17).

Aquí, Jesús no solo pide un cambio de comportamiento, sino un cambio profundo en la mente y el corazón hacia el pecado.

Confesión y reconocimiento del pecado

El arrepentimiento bíblico implica también la confesión. La confusión o negación del pecado no tiene cabida en el verdadero arrepentimiento. En 1 Juan 1:9, la Escritura nos enseña que, al confesar nuestros pecados, Dios es fiel y justo para perdonarnos:

> "Si confesamos nuestros pecados, él es fiel
> y justo para perdonar nuestros pecados y lim-
> piarnos de toda maldad" (1 Jn 1:9).

Confesar significa estar de acuerdo con Dios sobre la naturaleza del pecado y reconocer su gravedad. La persona arrepentida se enfrenta con sinceridad a lo que ha hecho y reconoce que ha fallado ante un Dios santo.

Abandono del pecado

El arrepentimiento genuino también involucra un cambio en el comportamiento. No es suficiente con simplemente sentir dolor por las malas acciones, sino que debe haber un abandonar el pecado y un esfuerzo por vivir de acuerdo con los principios de Dios. Jesús dijo en Juan 8:11 a la mujer sorprendida en adulterio:

> "Ni yo te condeno; vete, y no peques más".

Este acto de dejar atrás el pecado y alejarse de lo que nos separa de Dios es parte integral del arrepentimiento genuino.

Restauración y reconciliación con Dios

El propósito final del arrepentimiento es la restauración de la relación con Dios. El pecado causa una ruptura en nuestra comunión con Él, pero al arrepentirnos, somos perdonados y reconciliados con Él. El arrepentimiento no solo implica una acción de volvernos de nuestros pecados, sino también de volvernos a Dios, buscando restaurar la relación que se había quebrantado.

En el Antiguo Testamento, el profeta Joel proclamó que Dios es misericordioso y está dispuesto a perdonar cuando su pueblo se arrepiente:

> "Y el Señor será celoso por su tierra, y se compadecerá de su pueblo" (Jl 2:18).

Este pasaje resalta la disposición de Dios a restaurar, perdonar y sanar a quienes genuinamente se vuelven a Él.

El arrepentimiento como proceso continuo

El arrepentimiento no es solo una vez en la vida, sino una práctica continua. Los cristianos están llamados a vivir en un estado de arrepentimiento diario, ya que el pecado sigue acechando y siempre se requiere volver a Dios, incluso después de haber sido perdonados. En la oración del "Padre Nuestro", Jesús enseña que pidamos el perdón diario de nuestros pecados:

> "Perdona nuestras ofensas, así como nosotros perdonamos a los que nos ofenden" (Mt 6:12).

Esto implica que el arrepentimiento es un proceso continuo de estar conscientes de nuestras debilidades y buscando la gracia de Dios para vivir conforme a su voluntad.

Resumen del arrepentimiento

1. Reconocimiento y conciencia del pecado: Ver el pecado como algo grave y dañino.
2. Confesión del pecado: Hablar honestamente con Dios acerca de nuestras faltas.
3. Cambio de corazón y mente: Un giro hacia Dios, dejando atrás las malas acciones y pensamientos.
4. Abandono del pecado: Un esfuerzo consciente por cambiar y vivir de manera diferente.
5. Restauración de la relación con Dios: Volver a Dios para ser perdonados y restaurados.

El arrepentimiento, entonces, es el camino de regreso a Dios, una puerta abierta a la gracia y la misericordia divina. Es un
llamado a la transformación de vida, que permite al creyente experimentar el perdón y la restauración que solo Dios puede ofrecer.

Capítulo 5:
La influencia demoníaca

Hablemos ahora sobre la influencia demoníaca

La influencia demoníaca, según la Biblia, se refiere a la manera en que Satanás y sus huestes pueden influir en las acciones, pensamientos y decisiones de las personas, sin necesariamente poseerlas. Esto es diferente de la posesión demoníaca, donde el demonio tiene control completo sobre una persona. A lo largo de las Escrituras, encontramos varios ejemplos de influencia demoníaca en los cuales los individuos no son poseídos, pero sí son manipulados o guiados por fuerzas malignas.

Pedro y la influencia de Satanás

En Mateo 16:23, cuando Pedro se opone a la idea de que Jesús debe morir en la cruz, Jesús le responde:

> "¡Apártate de mí, Satanás! Me eres una piedra de tropiezo; no tienes en cuenta las cosas de Dios, sino las de los hombres".

En este pasaje, Jesús no está diciendo que Pedro está poseído por Satanás, sino que está siendo influenciado por pensamientos y actitudes que provienen del enemigo. Pedro fue usado por Satanás para tratar de desviar a Jesús de su misión divina, pero no estaba bajo una posesión demoníaca. Jesús lo reprende porque estaba cediendo a la influencia maligna que lo llevaba a un pensamiento contrario a los planes de Dios.

Judas y la influencia demoníaca

En Lucas 22:3 se menciona que "Satanás entró en Judas, llamado Iscariote, que era uno de los doce." Esto no implica que Judas fuera poseído por Satanás en un sentido completo, sino que fue influenciado hasta el punto de tomar la decisión de traicionar a Jesús. La influencia de Satanás fue lo suficiente- mente fuerte como para que Judas, con su libre albedrío, cediera a esa tentación y tomara la decisión de entregar a Jesús por treinta piezas de plata. La entrada de Satanás en el corazón de Judas muestra cómo una persona puede ser influenciada por el enemigo, pero sigue siendo responsable de sus decisiones.

En ambos ejemplos, vemos que los individuos fueron influenciados por fuerzas demoníacas, pero nunca poseídos. La diferencia clave entre la influencia y la posesión es que en la influencia, la persona sigue teniendo control sobre sus decisiones, aunque estas pueden ser distorsionadas o manipuladas por el enemigo. La posesión, por otro lado, implica un control completo y directo de una entidad demoníaca sobre la voluntad de la persona.

Es importante resaltar que, en ambos casos, las personas influenciadas por Satanás no estaban exentas de responsabilidad. En el caso de Pedro, Jesús lo reprendió, y en el caso de Judas, él mismo eligió seguir el camino de la traición. La Biblia enseña que, aunque los demonios pueden influir, las decisiones finales y la responsabilidad recaen sobre la persona misma.

La diferencia entre Pedro y Judas realmente radica en la actitud con la que ambos enfrentaron sus fallas, y cómo cada uno utilizó su libre albedrío para responder a su error.

La actitud

La actitud es lo que marcó la diferencia entre Pedro y Judas después de sus caídas. Pedro cometió un grave pecado al negar a Jesús, pero su actitud fue diferente. Al darse cuenta de su error, Pedro experimentó un profundo arrepentimiento. Mateo 26:75 nos dice que Pedro lloró amargamente después de la negación, lo que muestra su tristeza genuina y su deseo de restaurarse. Esta actitud de arrepentimiento y humillación ante Dios le permitió recibir perdón y restauración.

Por otro lado, Judas, aunque también se sintió culpable por su traición, su actitud fue de desesperación. En Mateo 27:3-5 se muestra que Judas, al ver que Jesús fue condenado, sintió remordimiento, pero no buscó arrepentirse de manera verdadera. En lugar de acudir a Cristo o a los discípulos para buscar perdón, Judas se dejó consumir por la culpa y optó por el suicidio, lo cual refleja una actitud de desesperanza y falta de fe en el perdón de Dios.

El libre albedrío

Ambos tuvieron el libre albedrío para elegir cómo responderían a sus errores. Pedro, a pesar de sus caídas, utilizó su libre albedrío para acercarse a Jesús, confiando en la misericordia de Dios. Eligió el arrepentimiento y la restauración. Después de su negación, Pedro se arrepintió y fue restaurado por Cristo (*cf.* Jn 21:15-17), y se convirtió en una de las figuras más importantes de la iglesia primitiva.

En contraste, Judas también tuvo libre albedrío, pero su respuesta fue muy diferente. En lugar de arrepentirse y buscar la gracia de Dios, Judas optó por alejarse de la esperanza. Tomó la decisión de suicidarse, lo que refleja cómo usó su libre albedrío para seguir un camino de desesperación en lugar de buscar la restauración. En su caso, su elección fue un desprecio hacia la oportunidad de redención que Jesús le ofrecía, eligiendo el fin trágico de su vida.

La clave está en que el libre albedrío no sólo define lo que elegimos, sino cómo respondemos a las situaciones difíciles o al pecado. Mientras que Pedro usó su libre albedrío para buscar la restauración y aprender de su error, Judas usó el suyo para rechazar la gracia y optar por la desesperación.

En conclusión, la actitud y el libre albedrío fueron lo que marcaron la diferencia en las vidas de Pedro y Judas. Ambos cometieron graves errores, pero la forma en que respondieron a esos errores y cómo utilizaron su libertad para elegir la restauración o el rechazo de la gracia divina fue lo que finalmente definió su destino.

Espíritus malignos, posesiones demoníacas y ataduras espirituales

Este es un tema complejo que requiere una interpretación cuidadosa y precisa del contexto bíblico.

En la Biblia, se mencionan espíritus malignos, posesiones demoníacas y ataduras espirituales, pero es importante entender cómo estos conceptos se abordan en el contexto bíblico. Aquí te presento algunos pasajes y explicaciones relevantes sobre estos temas:

Espíritus malignos o demonios

Los demonios o espíritus malignos son seres espirituales que se rebelaron contra Dios y que operan para influir y dañar a las personas. En el Nuevo Testamento, especialmente en los evangelios, encontramos varias referencias a Jesús expulsando demonios de personas, demostrando su poder sobre ellos.

Ejemplos:

> "En la sinagoga había un hombre poseído por un espíritu impuro, que comenzó a gritar: '¿Qué quieres de nosotros, Jesús de Nazaret? ¿Has venido a destruirnos? Sé quién eres: el Santo de Dios!' '¡Cállate!' le ordenó Jesús. 'Sal de él!' El espíritu impuro sacudió al hombre violentamente y salió de él con un grito" (Mr 1:23-26).

> "En la sinagoga había un hombre poseído por un demonio maligno, que gritó a gran voz: '¿Qué quieres de nosotros, Jesús de Nazaret? ¿Has venido a perdernos? Sé quién eres, el Santo de Dios'. Jesús lo reprendió, diciéndole: 'Cállate y sal de él.' Entonces el demonio lo derribó en medio de la gente y salió de él sin hacerle daño" (Lc 4:33-36).

Estos pasajes muestran que los demonios pueden poseer a personas, controlando sus acciones y causando tormento físico y emocional. Sin embargo, el poder de Jesús era mayor, y los demonios deben obedecerle.

Posesión demoníaca

La posesión demoníaca implica que un demonio tiene control directo sobre el cuerpo y la mente de una persona. La persona afectada pierde el control sobre sí misma y puede experimentar comportamientos extraños y destructivos.

Ejemplos de posesión demoníaca en la Biblia:

> "Cuando llegaron donde estaba la multitud, un hombre se acercó a Jesús y se arrodilló ante él, diciendo: 'Señor, ten misericordia de mi hijo, que es lunático y sufre mucho; pues muchas veces cae en el fuego y otras tantas en el agua. Se lo he traído a tus discípulos, pero no han podido sanarlo.' Jesús respondió, '¡Oh generación incrédula y perversa, ¿hasta cuándo estaré con ustedes? ¡Hasta cuándo los soportaré? Tráiganmelo aquí!' Y Jesús reprendió al demonio, y éste salió de él, y el niño quedó sano desde aquella hora" (Mt 17:14-18).

En este pasaje, el niño estaba siendo atormentado por un espíritu maligno que causaba que tuviera convulsiones y cayera al fuego o al agua. Jesús lo liberó de este demonio, lo que muestra su autoridad y poder sobre las fuerzas demoníacas.

Ataduras espirituales

El concepto de ataduras espirituales se refiere a situaciones en las que una persona está limitada o controlada espiritualmente, ya sea por su propio pecado o por influencias demoníacas. La Biblia habla de cómo las ataduras pueden ser rotas a través de la liberación y la gracia de Dios.

Ejemplos de ataduras espirituales:

> "Jesús les respondió: 'De cierto, de cierto os digo que todo aquel que hace pecado, esclavo es del pecado. Y el esclavo no queda en la casa para siempre; el hijo sí queda para siempre. Así que, si el Hijo os libertare, seréis verdaderamente libres'" (Jn 8: 34-36).

Este pasaje muestra que el pecado actúa como una atadura espiritual, pero a través de Cristo, las personas pueden ser liberadas. La libertad espiritual se encuentra en la salvación y el perdón de Jesús, quien tiene poder para romper las ataduras del pecado y la opresión.

> "Y he aquí, había allí una mujer que desde hacía dieciocho años tenía un espíritu de enfermedad, y andaba encorvada, y de ninguna manera se podía enderezar. Y cuando Jesús la vio, la llamó y le dijo: 'Mujer, quedas libre de tu enfermedad'. Y puso las manos sobre ella, y ella se enderezó luego, y glorificaba a Dios" (Lc 13:11-16).

En este pasaje, la mujer estaba atada por un espíritu de enfermedad. Jesús la liberó, mostrando cómo su autoridad también se extiende para romper las ataduras físicas y espirituales.

Influencia demoníaca

La influencia demoníaca puede ser menos directa que la posesión, pero aun así puede tener un gran impacto en las decisiones y acciones de una persona. La influencia demoníaca ocurre cuando los demonios sugieren pensamientos, tentaciones o mentiras, que las personas pueden decidir seguir.

Ejemplos de influencia demoníaca:

> "Desde entonces comenzó Jesús a declarar a sus discípulos que le era necesario ir a Jerusalén, y padecer mucho de los ancianos, y de

> los principales sacerdotes, y de los escribas, y
> ser muerto, y resucitar al tercer día. Entonces
> Pedro, tomándole aparte, comenzó a reconve-
> nirle, diciendo: 'Señor, ten compasión de ti; en
> ninguna manera esto te acontezca'. Pero él,
> volviéndose, dijo a Pedro: '¡Quítate de delante
> de mí, Satanás! Me eres tropiezo; porque no
> pones la mira en las cosas de Dios, sino en las
> de los hombres'" (Mt 16:21-23)

Aquí, aunque Pedro no estaba poseído, fue influenciado por Satanás para desviar a Jesús de su misión divina. Jesús identificó rápidamente la influencia demoníaca en las palabras de Pedro, demostrando que los demonios pueden influir en las personas para desviarlas de la voluntad de Dios.

El poder de Cristo sobre los demonios

Es importante subrayar que, a pesar de la realidad de los demonios y las posesiones, la Biblia enseña que Cristo tiene poder absoluto sobre los espíritus malignos y que la liberación viene a través de Él.

La historia del endemoniado gadareno (*cf.* Lc 8:26-39) muestra cómo un hombre poseído por una legión de demonios fue completamente liberado cuando Jesús lo ordenó. Este es uno de los ejemplos más dramáticos de posesión y liberación en la Biblia. Jesús no solo liberó al hombre, sino que también le dio una nueva misión, convirtiéndose en un testigo de lo que Cristo había hecho por él.

En la Biblia, los espíritus malignos, la posesión demoníaca, y las ataduras espirituales son realidades que afectan a las personas. Sin embargo, la Biblia enseña que Cristo tiene poder absoluto sobre todas estas fuerzas, y que el arrepentimiento, la fe en Jesús y la obediencia son la clave para la liberación. A través de su sacrificio y autoridad, Jesús ofrece liberación de la influencia demoníaca, no solo para aquellos que están poseídos, sino también para aquellos que luchan contra las ataduras espirituales. La enseñanza bíblica resalta que la solución no está en la liberación mística de demonios, sino en el arrepentimiento genuino y la fe en el poder transformador de Cristo.

El pasaje de Efesios 6:12, que dice *"Porque no tenemos lucha contra sangre y carne, sino contra principados, contra potestades, contra los gobernantes de las tinieblas de este siglo, contra huestes espirituales de maldad en las regiones celestes"*, es fundamental para entender la naturaleza espiritual del conflicto cristiano.

El contexto de Efesios 6:12

Este versículo se encuentra en la carta del apóstol Pablo a los Efesios, en el capítulo 6, donde se exhorta a los creyentes a mantenerse firmes en la fe y a vestirse con la armadura de Dios. En el versículo anterior, Pablo señala que debemos estar *"fuertes en el Señor y en el poder de su fuerza"* (Ef 6:10), y luego, en el versículo 12, explica por qué necesitamos esa fuerza: la verdadera lucha no es contra seres humanos, sino contra fuerzas espirituales malignas.

¿Qué significa "no tenemos lucha contra carne y sangre"?

Cuando Pablo dice que nuestra lucha no es "contra carne y sangre", está haciendo una distinción muy importante. La "carne y sangre" es una expresión que se refiere a los seres humanos en su naturaleza física y terrenal. En otras palabras, Pablo está diciendo que la verdadera batalla no se libra contra personas, ya sean nuestros enemigos o incluso contra quienes nos persiguen. Aunque a menudo podemos ver el conflicto en términos humanos, la raíz de nuestra lucha está mucho más allá de lo que los ojos físicos pueden percibir.

La lucha contra poderes espirituales

Pablo explica que la verdadera batalla es contra "principados", "potestades", "gobernantes de las tinieblas" y "huestes espirituales de maldad en las regiones celestes". Estos términos se refieren a diferentes niveles y tipos de seres espirituales malvados que operan en el reino espiritual. Para comprenderlo mejor, podemos desglosar estos términos:

- **Principados**: Estos son los "líderes" o autoridades en el reino espiritual de las tinieblas. Se refiere a los demonios que tienen cierto poder sobre áreas geográficas o personas.

- **Potestades**: Son fuerzas que tienen poder o dominio sobre la humanidad, y en algunos casos, las potestades pueden ser responsables de las obras malignas y la opresión espiritual que vemos en el mundo.

- **Gobernantes de las tinieblas**: Estos se refieren a los seres espirituales que operan en el reino de las tinieblas. La "tiniebla" aquí hace referencia a la oscuridad moral y espiritual que cubre al mundo.

- **Huestes espirituales de maldad**: Son los demonios y entidades malignas que están activamente involucradas en la lucha contra los cristianos, buscando desviar a los creyentes de la verdad y de la luz.

¿Por qué esta lucha no es contra carne y sangre?

Pablo señala que los cristianos no deben ver el conflicto espiritual como una guerra física contra personas, ya que la verdadera fuente de la oposición es espiritual. Las fuerzas demoníacas buscan manipular y corromper los corazones y mentes de los seres humanos, incluyendo aquellos que influyen en la sociedad, los sistemas de gobierno, la cultura, y, en ocasiones, hasta la propia iglesia.

El cristiano debe recordar que no son las personas quienes realmente están detrás de los conflictos, sino las fuerzas espirituales que se oponen a la voluntad de Dios. Esto es crucial porque nos llama a una batalla no de odio o venganza contra seres humanos, sino una lucha de fe, oración y perseverancia contra las fuerzas espirituales malignas.

¿Qué implicaciones tiene para los cristianos?

1. No debemos luchar con medios carnales: Como cristianos, debemos entender que nuestras armas no son físicas. No podemos resolver conflictos espirituales con violencia, manipulación o estrategias terrenales. La "armadura de Dios", de la que Pablo habla en los versículos siguientes, incluye la verdad, la justicia, la fe, la salvación, la palabra de Dios y la oración (*cf.* Ef 6:13-18).

2. La necesidad de discernimiento espiritual: La lucha espiritual requiere sabiduría y discernimiento. Los cristianos deben estar conscientes de que el mundo está siendo influenciado por fuerzas espirituales invisibles y que, a veces, los problemas humanos pueden tener raíces espirituales más profundas.

3. La victoria en Cristo: Aunque la batalla espiritual es real y desafiante, Pablo nos recuerda que la victoria está asegurada en Cristo. A través de su muerte y resurrección, Jesús ha derrotado a las fuerzas del mal (*cf.* Col 2:15). Por lo tanto, como cristianos, estamos llamados a resistir al enemigo, sabiendo que Cristo ha vencido y que en Él tenemos la victoria.

Efesios 6:12 nos recuerda que la verdadera lucha no es contra personas, sino contra las fuerzas espirituales malignas que operan en el mundo. Esta perspectiva cambia nuestra manera de enfrentar las dificultades y conflictos, al entender que la batalla se libra en el ámbito espiritual y que la solución no se encuentra en respuestas humanas, sino en la armadura de Dios, la fe y la obediencia a su palabra. A medida que nos armamos de la verdad de Dios, podemos permanecer firmes y resistir las influencias del mal, sabiendo que la victoria es nuestra en Cristo.

El juicio de Dios no está condicionado a la "falta de poder sobre el demonio", sino a la vida íntegra y la obediencia a sus mandamientos. Un pasaje clave relacionado con este tema se encuentra en 1 Corintios 6:9-10, que advierte sobre aquellos que practican el pecado y no heredarán el reino de Dios.

> "¿No sabéis que los malvados no heredarán el reino de Dios? No os engañéis: ni los fornicarios, ni los idólatras, ni los adúlteros, ni los afeminados, ni los que se echan con varones, ni los ladrones, ni los avaros, ni los borrachos, ni los maldicientes, ni los estafadores heredarán el reino de Dios" (1 Co 6:9-10, NVI)

Este versículo subraya que el juicio de Dios se basa en el comportamiento y la vida moral de los creyentes. No es un asunto de "posesión demoníaca", sino una cuestión de vivir una vida justa y apartada del pecado. La advertencia está dirigida a aquellos que "practican tales cosas", lo que implica que la constante práctica de pecado sin arrepentimiento es lo que está en juego. La Escritura nos enseña que los cristianos tienen la responsabilidad de mantenerse firmes en la fe, resistir los ataques del enemigo y vivir en obediencia a la palabra de Dios.

El pasaje también recuerda que, aunque las fuerzas demoníacas existen, la lucha del creyente no se basa únicamente en confrontar demonios, sino en mantenerse firme en una vida limpia y de acuerdo con los principios del Evangelio. La lucha es en última instancia contra la tentación y el pecado, no simplemente contra los demonios.

Los tiempos del fin

En los tiempos del fin, según las Escrituras, se profetiza que la inmoralidad sexual será un problema creciente, y se mencionan varios pasajes que alertan sobre este aumento de pecado sexual. El mundo, en los últimos tiempos, estará cada vez más influenciado y dominado por ideologías como las que promueven la agenda LGTBiQ+, lo cual está profetizado en las Escrituras. A continuación, te mostraré cómo la Biblia nos advierte sobre el aumento de estas ideologías y su impacto en la sociedad en los últimos días.

Como en los días de Noé

> "Pero como en los días de Noé, así será la venida del Hijo del Hombre. Porque como en aquellos días antes del diluvio, comían y bebían, tomaban mujeres y se casaban, hasta el día en que Noé entró en el arca, y no entendieron hasta que vino el diluvio y los arrastró a todos, así será también la venida del Hijo del Hombre" (Mt 24:37-39).

Jesús compara los días previos a su regreso con los días de Noé, cuando la gente vivía en pecado sin arrepentimiento. En ese tiempo, la inmoralidad sexual fue una de las características predominantes (*cf.* Gn 6:5). Esto implica que, en los últimos tiempos, la humanidad se verá inmersa en una fuerte inmoralidad y corrupción sexual.

La decadencia moral de los últimos tiempos

> "También debes saber esto: que en los últimos días vendrán tiempos peligrosos, porque habrá hombres amadores de sí mismos, avaros, vanagloriosos, soberbios, blasfemos, desobedientes a los padres, ingratos, impíos, sin afecto natural, implacables, calumniadores, intemperantes, crueles, aborrecedores de lo bueno, traidores, impetuosos, infatuados, amadores de los placeres más que de Dios, que tendrán apariencia de piedad, pero negarán la eficacia de ella; a éstos evita" (2 Ti 3:1-5).

En esta lista de características, se incluye la corrupción moral y la obsesión con los placeres, lo cual puede entenderse como una referencia a la inmoralidad sexual y la falta de autocontrol. La adoración de los placeres está relacionada con una vida desenfrenada, y el amor propio puede implicar una indulgencia egoísta en deseos sexuales.

El pecado y la falta de arrepentimiento

"Y no se arrepintieron de sus homicidios, ni de sus hechicerías, ni de su fornicación, ni de sus robos" (Ap 9:21).

En este versículo, se describe una sociedad que, a pesar de los juicios de Dios, persiste en sus pecados, incluyendo la inmoralidad sexual (fornicación). La humanidad se niega a arrepentirse de sus pecados, incluidos los sexuales, lo cual refleja la dureza de corazón en los últimos tiempos.

La degradación moral debido a la idolatría

"Por lo cual también Dios los entregó a la inmundicia, en las concupiscencias de sus corazones, para que deshonraran entre sí sus propios cuerpos; ya que cambiaron la verdad de Dios por la mentira, honrando y dando culto a las criaturas antes que al Creador, quien es bendito por los siglos. Amén. Por esto Dios los entregó a pasiones vergonzosas; pues aun sus mujeres cambiaron el uso natural por el que es contra naturaleza; y de igual modo también los hombres, dejando el uso natural de la mujer, se encendieron en su lascivia unos con otros, cometiendo hechos vergonzosos hombres con hombres, y recibiendo en sí mismos la retribución debida a su error" (Ro 1:24-27)

Este pasaje describe la degradación moral que ocurre cuando las personas rechazan la verdad de Dios y se entregan a la inmoralidad sexual, incluyendo la homosexualidad y otras prácticas sexuales desviadas. Esto refleja una sociedad que se ha alejado de los principios divinos y ha abrazado la inmoralidad sexual como parte de su vida diaria.

Apocalipsis 6:2

> "Y miré, y he aquí un caballo blanco; y el
> que lo montaba tenía un arco; y le fue dada una
> corona, y salió venciendo, y para vencer".

Muchos interpretan al jinete del caballo blanco en Apocalipsis 6:2 como el anticristo, sugiriendo que viene con un arco sin flechas, simbolizando una conquista a través de la diplomacia, sin el uso explícito de la violencia.

Pero la Biblia presenta al Anticristo de manera clara y definida como una figura maligna y destructiva, no como alguien que trae paz. En el libro de Apocalipsis, se le describe como una "bestia" que emerge del mar (*cf.* Ap 13:1), con características de gran poder y autoridad. Es un líder mundial que persigue a los cristianos, exige adoración y persigue el control absoluto (*cf.* Ap 13:7-8). Aunque en un principio se presenta como alguien que puede engañar a las masas y parecer una figura de unidad o "paz" temporal, su verdadero propósito es la destrucción y la manipulación de la humanidad, llevando a muchos a la perdición.

Además, en 2 Tesalonicenses 2:3-4, Pablo lo describe como un hombre de pecado, que se exaltará a sí mismo sobre todo lo que se llame Dios, incluso pretendiendo ser adorado como dios, y que con su venida traerá señales y prodigios mentirosos, engañando a los que no han recibido el amor de la verdad. Así, la Biblia lo presenta como el líder de la rebelión final contra Dios, cuyo propósito es engañar y destruir.

Sin embargo, al analizar el texto con más detenimiento, descubrimos una profunda verdad profética que refleja más de cerca la realidad que estamos viviendo hoy.

El uso de la palabra griega "τόξον" (*"toxón"*) en Apocalipsis 6:2 puede generar una interpretación fascinante cuando consideramos tanto su significado literal como su potencial simbólico.

Significado literal de "τόξον" (toxón) y su implicación

En su forma básica, "τόξον" significa "arco", el instrumento utilizado para disparar flechas.

Sin embargo, la misma palabra "τόξον" también puede ser entendida como "arco iris", especialmente cuando se combina con "oúpáslos" (ouránion), que significa "celestial" o "del cielo". "Oúpáslos τόξον" (*"ouránion tóxon"*) es la forma más precisa para referirse a un arco iris en griego, el cual, como sabemos, es un símbolo que ha sido adoptado como el símbolo del movimiento LGBTQ+.

En el movimiento LGBTQ+, el arco iris simboliza la liberación de normas tradicionales, el derecho a vivir conforme a la propia identidad y orientación sexual. En mi opinión personal, el jinete de Apocalipsis 6:2 representa la llegada de una ideología poderosa, que podría ser vista como la propagación y el establecimiento de la ideología LGBTiQ+ en la sociedad. Esta ideología está ganando terreno rápidamente, y su influencia se está asentando cada vez más, dominando aspectos importantes de la cultura, la política y las instituciones sociales en muchas partes del mundo. Este "jinete" con este arco iris (τόξον" **(toxón)** podría simbolizar cómo esta corriente está imponiendo su presencia, transformando las normas sociales y desafiando los principios tradicionales establecidos en la Biblia.

Este viaje llega a su fin, pero quiero que todos seamos plenamente conscientes de la complejidad y el peso de las adicciones, de las ideologías que nos rodean y de la creciente batalla espiritual que enfrentamos. Vivimos en un entorno enfermo, bajo el manto de ideologías de género y lobbies LGTBiQ+ que buscan redefinir la moralidad, la identidad humana y la sexualidad. A la par, la demanda de pornografía se ha disparado, destruyendo vidas y corazones. No estamos ante una lucha sencilla, ni ante un problema que se resuelva con respuestas superficiales.

Es imperativo que los líderes y pastores de las iglesias tomen nota de lo que estamos enfrentando y se den cuenta de que ser pastor no significa solo predicar dos horas a la semana y recibir un sueldo. Ser pastor es una tarea mucho más profunda y exigente, que requiere de formación constante, de un compromiso genuino con el discipulado y con la formación de líderes que puedan enfrentar estos desafíos de manera efectiva.

Pastorear es estar a la altura de los tiempos, es combatir el pecado en todas sus formas, no solo con palabras, sino con acción. La Iglesia debe ser un refugio donde los creyentes encuentren sanación, verdad, guía y fortaleza para resistir las tentaciones del mundo. El liderazgo cristiano requiere de valentía, discernimiento y una firme dedicación a la palabra de Dios. No podemos seguir siendo indiferentes o insensibles ante la gravedad de los problemas espirituales que afectan a nuestra sociedad.

Es momento de que cada uno de nosotros, pastores y creyentes, se levante con la autoridad que Dios nos ha dado y se comprometa a ser la luz que el mundo necesita, en medio de tanta oscuridad. La lucha será dura, pero con el poder del Espíritu Santo y la verdad de la Palabra de Dios, venceremos.

AGRADECIMIENTOS

Quiero tomar un momento para expresar mi profundo agradecimiento a todas las personas que, de una u otra manera, han sido parte fundamental de la creación de este libro.

En primer lugar, agradezco a Dios, quien es la fuente de toda sabiduría y entendimiento, por darme la fuerza, la inspiración y la claridad para abordar estos temas tan complejos. Sin Su guía, nada de esto sería posible.

A mi familia, por su amor incondicional y por ser mi apoyo constante. Gracias por su paciencia y por entender los momentos de dedicación que he invertido en este proyecto.

A los pastores, líderes y miembros de la iglesia que, aunque no mencionados específicamente, han sido una fuente constante de reflexión y aprendizaje. Sus enseñanzas, preguntas y de- safíos me han llevado a profundizar en estos temas con mayor seriedad y responsabilidad.

A todos los lectores, cuya sed de conocimiento y deseo de vivir una vida más plena y en acuerdo con la voluntad de Dios, me motivaron a escribir. Mi esperanza es que este libro pueda ser una herramienta útil en su camino de fe y crecimiento espiritual. Que Dios continúe guiándonos a todos, dándonos discernimiento, sabiduría y, sobre todo, un corazón dispuesto a hacer Su voluntad en medio de los desafíos que enfrentamos. Con gratitud.